EU NUNCA MAIS VOU TE CHAMAR DE PAI

Caroline Darian
filha de Gisèle Pelicot

EU NUNCA MAIS VOU TE CHAMAR DE PAI

Transformando o trauma familiar em uma luta coletiva

Tradução
Caroline Donadio

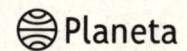

Planeta

Copyright © Jean-Claude Lattès, 2022
Copyright © Editora Planeta do Brasil, 2025
Copyright da tradução © Caroline Donadio, 2025
Todos os direitos reservados.

Preparação: Caroline Silva
Revisão: Ana Maria Fiorini e Fernanda Guerriero Antunes
Projeto gráfico e diagramação: Gisele Baptista de Oliveira
Capa: Renata Spolidoro

DADOS INTERNACIONAIS DE CATALOGAÇÃO NA PUBLICAÇÃO (CIP)
ANGÉLICA ILACQUA CRB-8/7057

Darian, Caroline
  Eu nunca mais vou te chamar de pai / Caroline Darian ; tradução de Caroline Donadio. – São Paulo : Planeta do Brasil, 2025.
  192 p.

ISBN 978-85-422-3649-1
Título original: Et j'ai cessé de t'appeler papa

1. Darian, Caroline – Autobiografia 2. Vítimas de abuso sexual – Narrativas pessoais 3. Crimes sexuais – França I. Título II. Donadio, Caroline

25-1772   CDD 364.153

Índice para catálogo sistemático:
1. Darian, Caroline – Autobiografia

MISTO
Papel | Apoiando o manejo florestal responsável
FSC® C112738

Ao escolher este livro, você está apoiando o manejo responsável das florestas do mundo

2025
Todos os direitos desta edição reservados à
Editora Planeta do Brasil Ltda.
Rua Bela Cintra, 986, 4º andar – Consolação
São Paulo – SP – 01415-002
www.planetadelivros.com.br
faleconosco@editoraplaneta.com.br

Acreditamos nos livros

Este livro foi composto em Rufina e impresso pela Lis Gráfica para a Editora Planeta do Brasil em maio de 2025.

"Uma vez que as coisas são escritas,
não é mais possível escapar."

LIONEL DUROY

Prefácio

No momento em que escrevo este prefácio, vai começar um processo histórico no palácio da justiça de Avignon. Um fato inédito nos anais da história judiciária francesa.

Ele durará quatro meses, a começar do dia 2 de setembro de 2024, com cinco dias de audiência por semana. Cinquenta e um acusados, incluindo meu pai, comparecerão diante da corte criminal do departamento de Vaucluse, em sua maioria por estupros qualificados praticados contra minha mãe, dopada por seu esposo sem que ela soubesse na época dos acontecimentos, durante quase dez anos.

Mais precisamente, meu genitor é acusado de ter entrado em contato com homens, por meio de um site de encontros, para lhes propor relações sexuais com a sua mulher inconsciente, desacordada devido à ingestão de comprimidos. Ele não pedia qualquer remuneração. No entanto, exigia poder filmar.

Atualmente, dezoito acusados encontram-se em prisão preventiva, enquanto 33 estão em liberdade provisória até o veredito, em 20 de dezembro de 2024. Isso significa que poderão circular dentro do tribunal durante os quatro meses do julgamento e voltar tranquilamente para casa todas as noites, como se fossem pessoas íntegras. O mais difícil de suportar será sentar-me perto deles, durante semanas, separada por apenas algumas cadeiras.

Os réus correm o risco de pegar penas de até vinte anos de reclusão. Serão assistidos por 49 advogados por estupro(s) e tentativa(s) de estupro com múltiplas circunstâncias agravantes, estupro(s) coletivo(s), agressão(ões) sexual(is) em grupo, violação da intimidade da vida privada por captação, gravação ou transmissão da imagem de uma pessoa, violação da intimidade da vida privada por captação, gravação ou transmissão da imagem de uma pessoa com caráter sexual e, por fim, posse da imagem de um menor de idade com caráter pornográfico.

Só essa lista de acusações já é insuportável por si só, mas tem mais: o julgamento será realizado na presença das cinco partes civis, ou seja, minha mãe, meus dois irmãos, minha cunhada e eu.

Para justificar a submissão química a que minha mãe foi submetida, será preciso lidar com os 20 mil arquivos digitais feitos por meu pai. Fotos, vídeos, um museu de horrores. Porque isso aconteceu dezenas de vezes, durante muitos anos. E também há fotos minhas, sem que eu tenha a menor lembrança delas ou saiba o que significam.

A audiência será pública, e não a portas fechadas. As instalações do tribunal foram especificamente reordenadas para acomodar o maior número possível de partes interessadas; haverá uma sala dedicada aos réus, aos advogados e às partes civis, e outra de transmissão aberta ao público e à imprensa. É uma configuração logística para a qual minha mãe, meus irmãos e eu estamos nos preparando há vários meses.

No início de setembro de 2024, teremos que assumir o banco das testemunhas, ser interrogados por uma horda de advogados e de um tribunal criminal composto exclusivamente de júris profissionais. Eles examinarão, pesquisarão e dissecarão nossas vidas, até os mínimos detalhes – vidas essas que, havia alguns anos, ainda poderíamos descrever como "comuns".

Sabemos exatamente o que isso significa. Reviver o pesadelo, mas também nos expor.

Teremos alguns dias para respirar antes que Dominique, meu pai, seja interrogado em meados de setembro. Em seguida, os outros indivíduos convocados serão interrogados nas semanas seguintes. Depois disso, nossos advogados e a defesa apresentarão seus argumentos finais.

Além da dor de reviver esse episódio, estamos indefesos. Não temos nenhuma experiência para usar como referência, nenhum exemplo anterior a nós ao qual nos agarrar. Nossa história familiar é um verdadeiro cataclismo. Embora meu pai tenha conseguido sedar e estuprar sua esposa por quase dez anos sem que ela soubesse, ele também a submeteu a mais de oitenta estranhos, a maioria dos quais ele conheceu por meio do site de encontros Coco.gg, apenas por voyeurismo e sem qualquer compensação financeira. Recentemente, a plataforma finalmente foi embargada pelos tribunais. Envolvida em vários casos criminais e em mais de 23 mil processos legais, foi oficialmente fechada em 25 de junho de 2024.

* * *

Ser filha da vítima e do algoz é um fardo terrível.

Nos últimos quatro anos, tenho tentado inventar uma nova existência, despojada de todas as certezas sobre as quais me construí. Em um instante, minha vida virou de cabeça para baixo. O passado foi varrido, mas para dar lugar a qual futuro? Como imaginar o que virá depois de o destino dar um golpe tão forte em sua vida? O colapso de nossa família é como um labirinto onde, por quase dois anos, cada passo abriu uma nova porta para outras revelações sórdidas, fragmentos de casos anteriores ao nosso. E com ele veio um turbilhão de perguntas que nunca encontraram respostas.

Tentei em vão desvendar e entender a verdadeira identidade do homem que me criou. Até hoje, ainda me pergunto como não vi ou suspeitei de nada. Nunca vou perdoá-lo pelo que fez durante tantos anos. No entanto, ainda tenho a imagem do pai que eu pensava conhecer. Apesar de tudo, essa imagem está enraizada em mim, formando um pano de fundo.

Não tenho mais contato com ele desde 2 de novembro de 2020. Mas, à medida que nos aproximamos da fatídica data do julgamento, sonho com ele toda vez que consigo dormir por algumas horas. Ele conversa comigo, rimos, estamos juntos. Quando acordo, volto ao pesadelo: o agora. E sinto saudade de meu pai. Não daquele que estará diante dos juízes; mas do homem que cuidou de mim por quarenta e dois anos. Sim, eu o amava muito *antes* de descobrir sua monstruosidade.

Então, como posso me preparar com tranquilidade para enfrentá-lo? Como administrar a mistura de raiva, vergonha e empatia por seu pai? Fiquei sabendo que, nos últimos quatro anos, ele foi transferido três vezes de uma prisão para outra. Conheço seu histórico de penitenciárias: prisão de Pontet (em Avignon), depois prisão de Baumettes (em Marselha) e, finalmente, prisão de Draguignan (em Vaucluse). Em confinamento solitário. Uma primeira voz ressoa em minha mente: será que ele conseguiu se adaptar? Será que está sofrendo com nossa ausência, com a solidão, com a violência do isolamento? Uma segunda voz resmunga: nada mais justo, considerando o mal que ele nos fez. À mamãe, a nós, à nossa família. Que esse depravado se vire sozinho; ele está colhendo o que plantou.

Meu pai é um criminoso, e eu terei que aprender a viver com essa realidade impiedosa. Terei que aceitar o rompimento entre a necessidade de justiça e verdade e esse amor que um dia pude sentir por ele.

Às vezes, surge um sentimento de abandono que me invade e me destrói. Pai, por que você está tão longe de nós? Eu achava que já tinha superado o luto por meu pai, mas a verdade é que esse julgamento está despertando a menina que há em mim. A menina que ainda não conseguiu matar a imagem paterna. E tenho medo de que nunca consiga vir a odiá-lo. Talvez esse processo me ajude a chegar a uma forma de luto definitivo. Meu pai ainda está vivo, mas talvez eu nunca consiga lhe dizer olho no olho que ele já foi importante para mim, mas que arruinou uma parte da minha vida, que arruinou o brilho que *um dia* existiu, e que atropelou a confiança que eu naturalmente tinha nos homens.

* * *

Pelo menos, nossa história revelou um fenômeno social que ainda é amplamente subestimado na França. A submissão química na esfera privada e na sociedade é muito mais frequente do que pensamos. Esse *modus operandi* é a arma preferida dos predadores sexuais. No momento, ainda não temos dados estatísticos confiáveis que comprovem isso. Não é preciso dizer que, em 2020, quando meu pai foi preso, ninguém falava sobre o tema!

O crime é difícil de definir, ainda mal identificado, insuficientemente quantificado, mal diagnosticado e, portanto, mal amparado, mas atinge diferentes perfis, como mulheres, às vezes homens, mas também crianças e até mesmo bebês e idosos, e em todas as classes sociais. Já ouvimos falar do GHB, a chamada "droga do estuprador", mas quem pode imaginar ser abusado quimicamente por alguém próximo a você, com drogas do armário de remédios da família?

Do feminicídio ao incesto, os escândalos dos últimos anos mostram que os casos de violência sexual geralmente envolvem dinâmicas de poder que transformam casos isolados em práticas sistêmicas. Infelizmente, a submissão química não é exceção à regra: a maioria das vítimas é mulher, e quase 70% dos casos registrados envolvem agressão sexual. A esfera privada é a primeira a ser envolvida nesse tipo de violência.

Basta dar uma olhada mais de perto nos resultados do estudo realizado pela Agência Nacional Francesa para a Segurança de Medicamentos e Produtos de Saúde (ANSM). De uma amostra de 727 relatórios encaminhados em 2021 pela polícia, resultantes de queixas apresentadas, 82 casos relatados eram de submissão química, dando uma visão geral das vítimas: principalmente mulheres (69,5% desses casos, mas há motivos para acreditar que essa proporção é ainda maior) com idade entre 20 e 30 anos. A substância usada foi, em sua maioria, um medicamento: anti-histamínicos, ansiolíticos, soníferos, opioides (56% dos casos) ou MDMA (ou seja, *ecstasy*, 21,9%), e muito pouco GHB, a famosa "droga do estuprador" (4,8%). Por fim, o agressor é geralmente uma pessoa próxima (41,5%), agindo em um contexto privado (42,6%).

* * *

Portanto, medicamentos como hipnóticos, antialérgicos e remédios para tosse, que supostamente deveriam ser ingeridos para um tratamento, são usados indevidamente por suas propriedades sedativas e de relaxamento muscular. Um aspecto importante deve ser levado em conta: as vítimas geralmente não têm consciência disso, como foi o caso da minha mãe. Elas não têm ideia do que está acontecendo. Além da dificuldade de falar ou de agir que caracteriza principalmente as violências domésticas, há o fato de que não há uma memória clara do ataque ou do agressor. A submissão química é sorrateira, indetectável. Ela dá aos abusadores uma sensação de impunidade tão grande que podem se passar meses, até mesmo anos, sem que alguém perceba.

Em muitos casos, a estratégia do agressor sexual é tornar sua vítima incapaz de reagir, como quem apaga uma luz. A vítima se torna uma coisa inerte, um fantoche à mercê do agressor. Além disso, alguns especialistas atribuem o uso generalizado da submissão química à ilusão de alívio da culpa, já que a vítima não sentirá nada e terá se esquecido de tudo ao acordar.

Evidentemente, a vítima não se esquece de tudo. Seu corpo e subconsciente carregam as cicatrizes do abuso. Além disso, ela sofre os efeitos colaterais da medicação que foi administrada às escondidas. Já é muito difícil denunciar um estupro;

se, além disso, as lembranças são nebulosas, sem consciência do ataque, restam o silêncio, a confusão e a vergonha.

As vítimas se calam, mal tendo certeza de que são, de fato, vítimas. A saúde delas se deteriora. Elas ficam preocupadas, sem entender o que pode estar acontecendo; então, começa uma nova dor: a busca sem fim por ajuda profissional. Como os médicos não são treinados para identificar a submissão química, ela nunca é cogitada. Fadiga anormal, lapsos de memória, quedas e náuseas não são ligados ao consumo excessivo de drogas (já que a paciente atesta ao médico que não está usando nada!).

Nos raros casos em que há suspeita de submissão química, a investigação do diagnóstico feito pelas clínicas médicas se torna um verdadeiro beco sem saída. Os exames toxicológicos, os únicos capazes de revelar a presença de substâncias suspeitas, infelizmente não são integrados de fato ao processo de tratamento. Aqui começa um novo calvário: correr em busca de provas, que custam caro e são custeadas pelas vítimas. A armadilha do isolamento se fecha e, à medida que o esforço para reunir provas se prolonga, a possibilidade de registrar uma queixa fica mais distante.

O cerne da questão está aí: como podemos proteger as vítimas sem oferecer aos profissionais da saúde os meios para detectar esse tipo de violência?

Como podemos incentivar a denúncia de casos aos tribunais sem estreitar o vínculo entre o sistema judiciário e a atenção primária?

Encaminhar o cuidado ao centro de tratamento das vítimas de submissão química continua sendo vital. Longe de ser apenas uma notícia de tabloide, esse tipo de violência é um desafio real para a saúde pública. Quedas, comas, problemas de memória, distúrbios do sono, perda de peso, síndrome de abstinência, assim como gravidez indesejada, acidentes de trânsito e transtorno de estresse pós-traumático, são todos riscos evitáveis identificados na pesquisa nacional sobre submissão química. Autoridades de saúde e jurídicas, forças policiais, organizações voluntárias: o problema afeta a todos e a responsabilidade é compartilhada.

Em setembro de 2022, alguns meses após a publicação deste testemunho literário, decido me cercar de pessoas fortes. Menos de um ano depois, lançamos um movimento de conscientização e prevenção chamado #MendorsPas[1]: Um basta à submissão química. Foi uma oportunidade de iniciar uma nova

---

[1] Expressão em francês que significa algo como *não me faça dormir*. (N.E.)

batalha e falar em nome das vítimas invisíveis, e não apenas da minha mãe.

Devo dizer que tive muita sorte ao tomar essa iniciativa. Pude contar com o apoio e a mobilização incomparáveis de várias pessoas, às quais sinto imensa gratidão. Dentre elas, a dra. Leila Chaouachi, farmacêutica e especialista em farmacovigilância do Centre d'Addictovigilance, em Paris, que conheci em uma das muitas reuniões importantes que tive nos últimos dois anos. Ela é responsável pela pesquisa anual da ANSM e é uma das maiores especialistas da França no tratamento médico de vítimas de submissão química. Em parte, foi graças a ela que percebi que a história de minha família não era isolada.

E também houve aqueles que estiveram comigo desde o início, sem os quais eu nunca teria me permitido ir ao encontro de dezenas de personalidades na mídia e pedir-lhes que me ajudassem a transmitir esse movimento de alerta e informação nas redes sociais. Sem minha amiga Arielle e toda a sua equipe, eu nunca teria sido tão ativa na mídia e provavelmente nunca teria ido tão longe a ponto de registrar a Associação #MendorsPas, em setembro de 2023. O objetivo dessa campanha inédita de conscientização era esclarecer as consequências da submissão química na esfera privada. Pedimos a implementação de um amplo programa de treinamento para profissionais de saúde, bem como a criação de um grupo de trabalho interministerial que reunisse a maioria das partes interessadas para melhorar o atendimento das vítimas, sobretudo em se tratando de atendimento ambulatorial.

Em 14 de novembro de 2023, o caso Joël Guerriau veio à tona. Esse senador teria tentado drogar Sandrine Josso, então deputada do departamento de Loire-Atlantique. Sob o pretexto de comemorar sua reeleição para o Senado, ele a teria convidado para ir à sua casa. Sandrine diz que ficou surpresa por não haver ninguém no local e que Joël Guerriau teria despejado uma dose da droga em sua taça de champanhe sem que ela percebesse. Sentindo-se tonta e enjoada, primeiro pensou que estava tendo um ataque cardíaco, mas então encontrou forças para fugir.

Embora o motorista de táxi tenha ficado alarmado com sua condição, foi a própria Sandrine quem tomou a iniciativa de alertar os serviços de emergência. Ela chegou ao hospital com os sintomas típicos do uso de drogas: pupilas dilatadas, boca seca, estado geral alterado. Os exames toxicológicos confirmaram a presença de *ecstasy* em seu sangue. Por fim, Joël Guerriau foi acusado de "administrar a uma pessoa, sem seu conhecimento, uma substância capaz de prejudicar seu discernimento ou controle sobre suas ações, com o objetivo de cometer estupro ou agressão sexual". Ele pode pegar até cinco anos de prisão.

O caso de Sandrine ainda não foi a julgamento, mas ele já aponta para uma hipótese assustadora: o ataque pode vir de um colega de trabalho. É possível ser dopado por um amigo. Pela primeira vez, a questão da submissão química entrou na arena política, tendo como alvo uma mulher sem medo de se manifestar. Logo decidi entrar em contato com Sandrine e pedir que ela se tornasse a madrinha e porta-voz da nossa associação. Esse mecanismo será um divisor de águas: transformar um trauma pessoal em uma luta coletiva. Rapidamente decidimos unir forças. Nosso objetivo continua sendo ouvir, acreditar e ajudar as vítimas, porque nem todas dispõem de um acesso à exposição midiática.

Antes de a Assembleia Nacional ser dissolvida (em 9 de junho de 2024), Sandrine estava liderando uma missão do governo definida por Gabriel Attal. Ainda não sabemos se a missão será mantida.

* * *

Não posso terminar este prefácio sem exaltar a mulher mais forte e admirável que conheço. Minha mãe. Atualmente, ela tem 72 anos. Ela passou por momentos difíceis e de desespero absoluto em uma idade muito precoce, muito antes de mim. Perdeu sua própria mãe quando tinha apenas 9 anos. Foi no meio do inverno, em janeiro de 1962, "como resultado de uma longa doença", como se dizia na época. Câncer generalizado, como é chamado hoje de forma mais sucinta. Esse luto, sem dúvida, deixa uma marca profunda na vida de uma criança e embaralha as cartas de seu futuro. Minha mãe forjou uma mente de aço. Ela nunca se curva. Ela ama a vida, independentemente de ela lhe reservar surpresas boas ou ruins.

Depois que os acontecimentos vieram à tona, minha mãe deixou seu lar, praticamente sem derramar uma lágrima. Cinquenta anos de vida conjugal foram subitamente postos em dúvida. Eu a vi abrir caixas, separar móveis, esvaziar armários e recolher fotos com uma dignidade incrível. Frágil, exausta, mas modesta e resiliente. Ela não tinha escolha. Precisava ir embora. Deixar o vilarejo, o bairro, os amigos, a vegetação e as montanhas que tanto amava para continuar sua vida sozinha, sem nem mesmo saber onde. Somos muito diferentes. Eu sou um livro aberto: é difícil esconder minhas emoções. Já ela parece uma rainha medieval. Pescoço ereto, queixo erguido e nem uma reclamação sequer. É a verdadeira heroína, de pé sobre as ruínas.

Nos últimos dois anos, mamãe se transformou na figura mais importante de nossa família. Contudo, foi ela a primeira vítima. Foi ela que foi dopada, ferida e depois entregue a desconhecidos. Ela dedicou tempo para conversar com seus filhos, para nos ouvir. Quando, em certas manhãs, eu não conseguia sair da cama, dominada pela raiva ou pelo desespero, mamãe sempre me incentivava a sair, a me movimentar, a ver pessoas, a cuidar da minha vida.

Foi isso que ela fez com a vida dela. Ela se mudou para outra região onde não conhecia ninguém, aprendeu a viver sozinha, voltou a dirigir e passou a manter uma casa e a gerir a papelada administrativa – atividades que eram de responsabilidade do meu pai. Ela fez novos contatos, conheceu pessoas que se tornaram amigas, sem nunca se preocupar com os detalhes de sua vida de *antes*; voltou a participar de atividades culturais e físicas. Ela é alegre, divertida, dinâmica. Seu objetivo principal era reconstruir uma vida normal, voltar a ser dona de seu destino, longe dos olhares curiosos. Nunca a vimos desmoronar. Até mesmo no dia em que ela descobriu que um de seus estupradores era soropositivo. E, para completar, nunca a ouvimos difamar nosso pai!

Nos últimos meses, mamãe tem me incentivado muito a me proteger. Entrei de corpo e alma na luta contra a submissão química na França. Mostrar o rosto, se expor nas mídias, nem sempre é fácil. E ser a pessoa que denuncia também tem seu preço.

Eu me fortaleci com o mantra muito pessoal da minha mãe: "Continue acreditando na vida e nas melhores coisas que ela reserva para você". Uma frase ingênua? Pelo contrário: ela me permitiu permanecer em pé.

Foi mamãe quem decidiu retirar o status de sigilo do julgamento. Portanto, ele se tornará público. Ela justificou essa escolha para os cinquenta homens envolvidos no caso, a fim de os expor ao olhar coletivo. Os processos em sigilo teriam sido quase confortáveis demais. Eles terão que responder por suas ações na frente do maior número possível de pessoas. Conversamos bastante sobre isso; é a escolha dela e eu a respeito, mesmo que eu tema o momento em que a história da nossa família será exposta na mídia. Com certeza, haverá detalhes ou mentiras sendo contadas. Como se preparar para a dissecação da sua intimidade? Para o sentimento de desapropriação e constrangimento?

Minha mãe está liberta – palavras dela. E isso se deve em parte ao meu trabalho na mídia. Ela fala que não pode ajudar as vítimas se ela mesma tem vergonha de ser uma delas. Ela diz isso assim: "Caroline, obrigada por tudo o que você fez pelas vítimas de submissão química na esfera privada. Vou ser o melhor exemplo de sua luta".

Em meio à carnificina, minha mãe está sempre segurando minha mão.

Eis a carnificina.

**Domingo,
1º de novembro
de 2020**

Amanhã, meu filho Tom, de 6 anos e meio, deverá usar máscara na escola. Então, repetimos o gesto. Uma vez, duas vezes, dez vezes.

Posto uma foto dele com a máscara no meu Facebook. Imediatamente, meu pai comenta: "Ah, meu Tonzinho. Boa sorte nessa volta às aulas meio diferente. Do vovô que te ama".

Ainda não sei, mas é a última conversa com meu pai.

Nessa época, como é minha vida? Tenho 42 anos, uma profissão pela qual sou apaixonada, um marido, um filho, uma casa. Em outras palavras: uma vida simples, que desconhece terremotos. Uma vida privilegiada. Ainda tenho essa inocência dos dias que passam sem dificuldades. O amanhã é uma promessa, nunca uma ameaça. Minha vida gira em torno do meu marido, meu filho, meu trabalho, minhas atividades, meus pais, meus irmãos e amigos. Tudo absolutamente trivial.

Mas ninguém sabe o valor do trivial até perdê-lo.

**Segunda-feira,
2 de novembro
de 2020**

Deixo Tom no portão da escola bem na hora. Beijo-o com carinho. Volto para casa, faço um café, me conecto. Na agenda, reunião, reunião, reunião. Videochamadas até não acabar mais.

11h. Meu marido chega. Paul trabalha no contraturno. Ele manda um SMS para o meu pai: "Acabei de descobrir o percurso do Tour de France de 2021. Vamos combinar um programa em família: no próximo dia 7 de julho, você leva seu neto para as estradas do Monte Ventoux, ok?". Ele faz um almoço rápido e tira um cochilo.

Ao acordar, vê duas chamadas perdidas de números fixos de Vaucluse.

É aqui que tudo muda. Uma mensagem telefônica, parecida com os avisos que um hospital manda para as famílias. Normalmente, um ponto de virada tem uma voz, um rosto. O anúncio de uma tragédia sempre vem com um corpo. Por toda a vida, vamos nos lembrar da voz ou do rosto do emissário da dor. Também vamos nos lembrar, com detalhes, do que estávamos fazendo exatamente *antes*.

Meu ponto de virada me pegou de ricocheteio. Foi meu marido que, primeiro, foi pego em cheio pela notícia. Paul ouve a primeira mensagem deixada pela minha mãe: "Sou eu, é urgente. É sobre o Dominique. Me liga de volta, por favor".

Dominique, meu pai, pesa mais de cem quilos e tem problemas respiratórios.

Então, naturalmente, em plena crise da covid-19, Paul já imagina que ele está na UTI. Mas a outra mensagem é de um tenente da polícia local da segurança de Carpentras. Paul retorna primeiro para minha mãe:

"Mas o que está acontecendo?"

"Dominique vai ser preso. Ele foi prego em flagrante, no supermercado, filmando por baixo da saia de três mulheres. Ele foi colocado sob custódia policial por quarenta e oito horas, depois solto. Enquanto isso, a polícia revistou seu celular, vários chips, sua câmera e seu notebook. Os fatos são muito mais graves."

Se minha mãe decide ligar para Paul antes de mim é porque ela ainda não tem forças para contar a qualquer um de seus três filhos. Ela também sabe que pode confiar nele. Paul é forte o suficiente para ouvir esse tipo de notícia.

Eles entram em acordo. Minha mãe vai me ligar primeiro, e na presença de Paul.

Um pouco atordoado, meu marido retorna a ligação do tenente de polícia. O último golpe.

"Encontramos vídeos que mostram sua sogra adormecida, claramente dopada, com homens abusando dela."

Essas palavras soam estranhas. Abrem um buraco assustador. Paul é levado para uma outra dimensão, aquela das notícias impensáveis exibidas nas mídias e que, até o momento, traçavam uma fronteira entre o abominável e nossas vidas, que pertenciam ao mundo de *antes*.

Impassível, o tenente fornece as informações que cavam, uma de cada vez, o buraco do impossível, colocando-o em nossas existências.

Essas agressões sexuais acontecem, pelo menos, desde setembro de 2013, data das primeiras fotos que os investigadores retiraram dos diferentes dispositivos de meu pai. O número de agressores é espantoso: "Setenta e três, até o momento. Até agora, identificamos uns cinquenta. Eles têm entre 22 e 71 anos, de todas as classes sociais, estudante, aposentado, até um jornalista. Seu sogro organizava, fotografava e filmava todos os atos. Eu mesmo tive muita dificuldade em ver esses vídeos. E estamos longe de terminar a análise".

A equipe policial vem trabalhando no caso dia e noite há um mês e meio. Os investigadores temiam pela vida de minha mãe. Essa quantidade de drogas para alguém que vai fazer 68 anos... O tenente conclui: "Tome conta dela. Ela vai precisar de apoio."

Paul só tem uma ideia em mente. Sair. Fugir de casa. Ele sabe que só me restam algumas horas antes de ser catapultada para outro mundo. Imóvel atrás da tela do meu computador, nem mesmo o percebo passando por mim e saindo de casa.

No carro, Paul liga para sua irmã Véronique, madrinha de Tom. Pede sua ajuda naquela noite mesmo. Planejam um estratagema para não despertar minhas suspeitas.

Percebo que meu filho e meu marido voltaram da escola depois que meu dia de maratona acaba, quase às 19h. Proponho-lhes jantar comida japonesa e, justo quando estou saindo de casa, a campainha toca. Véronique! Alegre, sorridente e calorosa como sempre.

"Estava passando pela região."

Tom pula em seus braços. Corro para o restaurante japonês. No carro, telefono para minha mãe, que estranhamente recusa a chamada. Tenho um mau pressentimento.

Retorno do restaurante. Deixo as bolsas na mesa da sala de jantar. Escuto meu filho rir com sua madrinha. Esses ruídos do dia a dia ainda não são sons do passado.

Na cozinha, Paul me olha, o rosto sério. Ele pede que eu me sente.

Meu celular toca. Finalmente, minha mãe está me ligando de volta! São exatamente 20h25 no relógio do forno da cozinha, que vejo atrás de Paul.

Mais tarde saberei que, com frequência, as pessoas que passam por um choque traumático se lembram apenas de um único detalhe, um cheiro, um barulho, uma sensação, qualquer coisa ínfima que se tornará enorme.

Eu, nesse momento, vejo o relógio do forno. São 20h25 em números brancos. Uma fronteira numérica. Meu nome é Caroline Darian e estou vivendo os últimos segundos de uma vida normal.

Ainda ouço a voz trêmula de mamãe. Ela me pergunta se cheguei em casa e se estou com Paul. Ela insiste. Certifica-se de que estou sentada e em um lugar tranquilo para ouvir o que ela tem para anunciar.

"Carol, seu pai está sob custódia desde hoje cedo e não poderá sair. Ele vai ser preso."

Tremo, não entendo bem o que ela está me dizendo.

"Seu pai me sedava com soníferos e ansiolíticos."

"Mas, mamãe, do que é que você está falando?"

"E não é só isso. Seu pai também levava homens para casa quando eu estava inconsciente no quarto. Vi várias fotos minhas. Dormindo, deitada de bruços e na minha cama, a cada vez acompanhada de homens diferentes, todos desconhecidos."

Perco a cabeça. Grito, xingo meu pai. Vou quebrar tudo.

"Carol, é verdade. Tive que ver muitas fotos na delegacia. Achei que meu coração ia parar de bater. O tenente deixou claro que também existem diversos vídeos de meus abusos. Ele quis que eu assistisse a um deles, mas eu lhe disse que as fotos já eram insuportáveis o suficiente. Ele me disse: 'Desculpe-me, senhora, mas o que seu marido fez é monstruoso'."

Ela cai no choro.

Paul me abraça.

As imagens na minha mente se misturam, repugnantes, sem sentido: mamãe na cama com um desconhecido qualquer, os olhos fechados, inerte...

Vejo você no volante do seu Renault 25 preto, abarrotado, quando saíamos de férias. Você fazia piadas, colocava Barry White e marcava o tempo com a cabeça, cantando o refrão, tão animado quanto nós, as crianças, amontoadas no banco de trás. Essa imagem feliz acabou de se espatifar. Agora você é o organizador de orgias, e também um tremendo mentiroso: mamãe me conta do último café da manhã de vocês, totalmente normal. Quão dissimulado é preciso ser para encenar essa tranquilidade por todos esses anos?

Mamãe desliga; agora ela precisa ligar para David, meu irmão mais velho, depois para Florian, nosso caçula.

Desabo. Aninhada em meu marido, estou arrasada. Não consigo respirar direito.

Meu pai drogou minha mãe antes de submetê-la a estupros por desconhecidos. Essa frase é surreal. É tão violenta que só consigo captar partes dela, como se pedaços de uma pedra atravessassem minha consciência, sem que eu consiga entender exatamente a profundidade do estrago. E se uma overdose tivesse matado mamãe? E se ela não tivesse acordado? Essa atrocidade acontece desde que eles foram morar em Vaucluse, há quase oito anos, quando mamãe se aposentou.

Quanto a mim, nada vi, nem entendi. Ela também não. Nenhum vestígio, nem mesmo uma pequena lembrança.

Tudo foi esquecido pela frequência das minuciosas doses de medicamentos que meu pai lhe administrava. Relembro nossas conversas no telefone, quando mamãe estava confusa, parecendo divagar. Essas ausências eram inquietantes. Nós, seus três filhos, vivemos a mais de setecentos quilômetros dela. Nós inclusive tínhamos pensado em início de Alzheimer. Meu pai minimizava, dizendo: "Sua mãe não se poupa, não para quieta, é superativa, é o jeito dela de lidar com o estresse".

Em 2017, incentivamos mamãe a marcar uma consulta com um neurologista em Carpentras. Esse primeiro especialista falou de uma amnésia global transitória, parecida com um buraco negro, uma perda de memória sem sequelas. Não sabíamos, e é bastante difundido entre os especialistas de neurologia, que uma pessoa nunca tem múltiplos episódios desse tipo de amnésia.

No outono de 2018, meu tio, clínico geral aposentado, mencionou um mecanismo de compensação: "Para evitar que queime, o aspirador de pó para de funcionar quando o saco está cheio; da mesma forma, você desliga e recarrega suas baterias". Nós todos acreditamos nessa hipótese. Mesmo assim, mamãe fez um exame de imagem, evidentemente sem resultado. Como poderíamos ter pensado em um exame toxicológico?

Mas, com o tempo e o aumento contínuo de seus lapsos de memória, mamãe estava sempre preocupada. Andava tendo insônias recorrentes, perdendo os cabelos, emagrecendo – perdeu mais de dez quilos em oito anos. Ela vivia com medo de ter um AVC e ficava apreensiva quando cuidava dos netos ou pegava o trem para me visitar na região parisiense.

Por esse motivo, mamãe aos poucos parou de dirigir. Foi perdendo cada vez mais sua autonomia.

Em 2019, mamãe foi consultar um outro neurologista em Cavaillon, que colocou esses sinais na conta da ansiedade e lhe prescreveu melatonina para melhorar a qualidade do sono.

Preciso encontrá-la. Não posso deixá-la sozinha em Vaucluse, naquela casa que foi palco de tantas atrocidades.
Paul cuida de tudo.
Preciso sair, ligar para meus irmãos. Quando David atende, percebo pela sua voz que ele ainda não sabe de nada. Sem querer, passo na frente de mamãe. Me odeio. Decido ir direto ao ponto.
David fica em silêncio. Ele demora uns dez segundos para assimilar minhas palavras e conseguir falar alguma coisa em voz alta:
"Mas... não é possível. Carol, você está brincando?"
Ele me faz perguntas, mas não tenho todas as respostas. Queria poder acalmá-lo um pouco. Sinto-o se contraindo. Ele desliga para ligar para mamãe.
Quando finalmente consigo ligar para Florian, nosso irmão mais novo, ele já falou com minha mãe no telefone. Está atônito: "Como ele pôde fazer uma coisa dessas com mamãe? E a gente? Ele pensou na gente?".
Choro igual criança.
Florian me fala de toda sua raiva e amargura ao se lembrar do verão de 2018. Ele menciona o último jantar deles, na noite em que iam partir, depois de passar vários dias na casa dos meus pais com suas duas filhas. Ele e sua esposa tinham testemunhado

uma cena preocupante. Poucos minutos depois de se sentar à mesa, mamãe apagou. Seu cotovelo caiu. Ela vacilou na cadeira, como se estivesse embriagada. De repente toda vitalidade de seu corpo se esvaiu, ficou como uma boneca de pano.

"Ainda não consigo descrever como todos os membros dela ficaram caídos, Carol. Falávamos com ela, mas era como se estivesse hipnotizada. Imóvel e mole, o olhar vazio. Ela não respondia mais."

Meu pai decidiu colocá-la na cama: "É melhor. Acontece de vez em quando, quando se sobrecarrega".

Na verdade, era o coquetel de medicamentos que ele lhe dera na copa, na sua taça de vinho rosé, que estava começando a fazer efeito.

Naquela noite, meu pai atribuiu a responsabilidade por esse mal-estar a Florian e sua família, que terminaram por pegar a estrada de volta para casa.

Desligo. Preciso dar duas voltas no quarteirão.

Não faz nem cinco graus nessa noite, no entanto estou queimando de ódio. Paul me acompanha.

Ele resolve convencer meus irmãos a partirem comigo no primeiro trem da manhã seguinte. Ele os consola como pode: "A vida é muito maior, vocês três precisam estar próximos da mãe de vocês, e o mais rápido possível".

Ele insiste: "Vocês precisam estar juntos. Não dá para passarem por esse momento sozinhos, cada um num canto".

Também alerta: "Vocês vão precisar ser corajosos e ficar unidos, porque isso é só começo, ainda não sabemos tudo".

Aviso meus superiores e tiro alguns dias de licença. É hora de deitar. Preciso de Paul e do meu filho. Acabo adormecendo, a mão do meu filho entrelaçada na minha.

**Terça-feira,
3 de novembro
de 2020**

Ao acordar, meu corpo todo dói, sinto uma dor forte no meio das costas. E dores musculares, muitas, como se eu tivesse levado uma surra durante a noite. Arrumo minha mochila de qualquer jeito, só com o estrito necessário. Não sei exatamente por quantos dias vou ficar fora.

Na hora de deixar Tom na escola, repito pela terceira vez que preciso ir buscar a vovó, no sul, e trazê-la para casa. Em frente ao portão, abraço-o e inspiro. Sinto seu pescoço tão fino, suas orelhinhas, seus cabelos ondulados, seu nariz e suas bochechas sempre quentes contra as minhas. Preciso levar um pouco dele comigo. Como uma pedra preciosa, um amuleto que a gente guarda em segredo.

Tom olha para mim. Finalmente, pousa as duas mãos em cada lado do meu rosto, mergulhando seu olhar no meu, e diz: "Mamãe, você sabe quanto eu te amo? Diz para a vovó que eu também amo ela".

Essa frase e seu jeito de acariciar minhas bochechas ficam gravados na minha memória. Ironia do destino, ele nem mencionou o avô.

No caminho para a estação de trem, resolvo ligar para o tenente de polícia. Eu me apresento, ele não parece surpreso.

Explico-lhe que meus irmãos e eu gostaríamos de falar com ele assim que chegarmos à estação de Avignon. Ele não pode nos conceder muito tempo, por conta do prazo legal do processo em curso contra nosso pai.

É preciso rapidez para terminar o inquérito dentro das quarenta e oito horas de sua última custódia, antes que ele seja levado ao tribunal criminal de Avignon. Eles ainda precisam voltar para a casa dos meus pais para encontrar as provas da submissão química de que minha mãe foi objeto.

Ao desligar, fecho os olhos.

Para resumir, minha mãe foi dopada pelo meu pai para ser estuprada por desconhecidos. Por pelo menos oito anos. Pronto, a frase ganha todo o seu sentido. Por mais que eu tente ficar firme, estou arrasada.

Estação de Massy-TGV, plataforma de número quatro.

"O trem das 9h25, em direção a Marseille Saint--Charles, chegou à estação."

Na plataforma, viro-me para Paul, e, sem pensar, as palavras saem da minha boca: "Estou com medo".

Ele me abraça e me aperta. Eu queria que o tempo parasse para ficar ali, com minha cabeça no ombro dele. Acomodada, percebo pela primeira vez, por trás do vidro que nos separa, uma tristeza imensa nos olhos do meu marido.

Ele nunca mais verá aquela casa em Vaucluse que era, para nós, um lugar querido e cheio de lembranças maravilhosas.

Você acende o fogo da churrasqueira e coloca a carne para assar, levanta a cabeça e sorri para mim. Ao redor, as paredes da casa refletem sem parar esse lindo sol que nos deixa cheios de alegria. Tom brinca no balanço, Paul traz o vinho. Um quintal, um verão, uma família. Te odeio.

Será que você sempre foi perturbado?
E nós é que nunca vimos nada?
É possível ignorar um pai? Mas quem é você de fato?

Preciso descansar. Coloco meus fones de ouvido. No meu celular, começa a tocar, no modo aleatório, a música "Dreams" de Fleetwood Mac, me transportando imediatamente para minha infância. O descanso ficará para depois. Essa música fala de um paraíso que parecia inabalável.

No espelho do banheiro, meu reflexo não está nada bom. Mesmo usando máscara, tenho a impressão de ter envelhecido dez anos em menos de vinte e quatro horas. Penso sem parar em mamãe. Ela tinha virado o objeto sexual dele, seu brinquedo, sua coisa, e não pudemos protegê-la. Ela vinha nos ver com tanta frequência na região parisiense. Às vezes, passava algumas semanas na minha casa, mas também na de Florian e na de David. Ela é muito próxima de nós e também dos seus seis netos, que lhe retribuem o afeto.

Quando ela partia, não conseguíamos falar com ela nas quarenta e oito horas seguintes ao seu retorno a Mazan. Era meu pai quem atendia em seu lugar, alegando que o ritmo da vida parisiense a deixara esgotada e que, em sua idade, ela não sabia como se cuidar. A mesma mentira... e pensar que acreditávamos nela. Ele também era cuidadoso em manipulá-la. Ele martelava que o ritmo e o ar de Vaucluse eram mais saudáveis que os da região parisiense. Minha mãe acabava acreditando.

Perdi as contas de quantas vezes encontrei minha mãe em um estado alterado. O mais assustador é que ela não tinha memória das nossas conversas anteriores, de um ou dois dias antes. Era como se seu cérebro fizesse uma atualização de software.

Em meados de abril de 2019, um dia depois que ela foi embora da nossa casa, Tom quis ligar para vovó. Queria lhe contar suas proezas durante um dos campeonatos de rúgbi. Já no início da conversa, ela começou a se repetir, como um disco riscado, dizendo coisas sem nexo. Ao ver a cara assustada de Tom, peguei o telefone.

"Mamãe, que dia é hoje?"

Ela não soube responder.

Liguei para meu pai para dizer que mamãe não estava bem, que seu estado de saúde estava me preocupando muito, deixando claro que, com certeza, havia algo por trás disso. Ele mudou de assunto. Esse mesmo roteiro aconteceu diversas vezes em dez anos. Ele sempre achava um pretexto para se esquivar das minhas perguntas. Curiosamente, esses apagões nunca aconteciam na minha casa ou na casa de meus irmãos; apenas quando ela estava em casa, com ele. Estou me dando conta disso agora.

Você sempre fugiu, quando paro para pensar. Você era sempre o único a ficar para trás, montou empresas que sempre faliram, sempre com algum problema. Uma hora você se torna sócio de um bandido, outra você se divorcia de mamãe por razões financeiras, sob o pretexto de nos proteger, depois se casa com ela de novo, anos mais tarde... você cria insegurança e depois simplesmente dá no pé. O que você diz aos investigadores? Fica achando desculpas, tentando enrolá-los, ou reconhece os fatos? A última opção, pelo menos, teria de positivo o fato de você assumir, pela primeira vez na vida, quem você é: Calimero[2], aquele que só reclama.

Mamãe nunca foi uma grande consumidora de medicamentos. Tomava a menor quantidade possível de paracetamol, nunca fumou e nunca foi viciada no que quer que fosse. Seu único excesso era o consumo de chocolate na época em que ainda trabalhava. Ela gosta de caminhar.

Seu último lapso foi em 22 de outubro de 2020.

Uma amiga que mora na região parisiense ligou para ela nesse dia, por volta das 19h. No dia seguinte, deixou uma mensagem de voz: ela achou que minha mãe estava agitada no dia anterior, com um jeito estranho, e queria saber se estava tudo bem.

Quando minha mãe ouviu a mensagem, ficou surpresa. Não tinha a menor lembrança de ter conversado com a amiga no dia anterior. Alarmada, falou disso para o meu pai, que fingiu não entender.

---

2   Calimero é um personagem de desenho animado, de mesmo nome, conhecido por dizer a frase "ah, isso é tão injusto". (N.T.)

Encontro meus irmãos no trem. Nós três nos abraçamos com tanta intensidade que os passageiros ficam nos olhando.

Treze horas, estação de Avignon. Levamos uns quinze minutos para achar a saída e um táxi, embora conheçamos essa estação de cor. Uma saída diferente daquela onde o papai vinha nos pegar.

Você que abre os braços. Tom pula no seu pescoço, você sorri. Você que também tritura os comprimidos no copo de mamãe, posta um anúncio e liga sua maldita câmera.

Em frente à delegacia de polícia de Carpentras, avistamos mamãe. Ela está nos esperando. Parece perdida. Com 1,65 m de altura, ela está quase sumindo em suas roupas, suas mãos enfiadas nos bolsos da jaqueta *puffer* lilás.

Sua máscara branca parece grande demais em seu rosto cheio de lágrimas. Seus grandes olhos escuros estão com olheiras. Balança de um pé para o outro.

Assim que saio do táxi, corro até ela e lhe dou um abraço. Meus irmãos me acompanham. Ela vacila um pouco. Seguro sua mão como se eu fosse a mãe.

Abrimos a porta da delegacia. Nesse corredor com paredes bege e amarelas, eu me dou conta de que meu pai está aqui, em algum lugar, dentro de uma cela. Poderemos vê-lo ou falar com ele? Com certeza não. Estar sob custódia da polícia por esse tipo de delito implica isolamento e detenção prolongada.

Um oficial nos leva a uma sala minúscula que comporta uma mesa e duas cadeiras. Mamãe prefere nos esperar no corredor.

Não consigo evitar pensar em meu pai. Será que ele foi interrogado nesta sala?

O policial nos convida a sentar. Meus irmãos preferem ficar de pé. Observo-os. Florian encara o policial com um olhar sombrio que desconheço. Já David está tentando se mostrar corajoso e parece menos angustiado, mas é só aparência.

Nesta sala, sinto como se estivesse em uma armadilha. Vejo-nos como pequenas presas capturadas em uma caixa. Não me surpreenderia se as paredes começassem a se aproximar.

Ao descobrirmos os fatos, ficamos pálidos.

"Seu pai sedava sua mãe regularmente, há pelo menos oito anos, para estuprá-la. Ele filmava e colocava as imagens na internet."

Estamos atolando o pé na lama.

"Ele também fez contato com pelo menos 53 indivíduos, desde setembro de 2013, por meio de um site de relacionamentos, para convidá-los a ir à casa do casal e abusar de sua mãe inconsciente. Ele postava fotos dela para atraí-los e compartilhava seus atos em fóruns de bate-papo. Sem qualquer recompensa financeira."

O grau máximo de perversidade: meu pai, sempre atolado em problemas financeiros, não comercializou mamãe. Então, ele fazia isso apenas para seu prazer.

Mais tarde, ficamos sabendo que a submissão química era uma mistura de Lorazepam, uma molécula ansiolítica da classe das benzodiazepinas, mais conhecida como Temesta, e Zolpidem, um poderoso hipnótico e sonífero prescrito apenas para insônia transitória grave. Imagino o que o corpo de minha mãe, com quase 68 anos, teve que engolir nos últimos anos.

O tenente explica que sua equipe e ele voltaram nesta manhã para revistar a casa, dessa vez na presença de mamãe.

Meu pai havia escondido as drogas na garagem, em um de seus sapatos de caminhada, dentro de uma meia. Ele confessou tudo nesta manhã, em seu último interrogatório.

A polícia também encontrou a última prescrição, que tinha acabado de ser feita por um dos médicos da cidade. Dado o número de caixas de medicamentos prescritos nos últimos meses, fico me perguntando se o médico não teria sido cúmplice.

Em seguida, o investigador nos informa que nosso pai pode ser acusado de "administrar uma substância cuja natureza prejudica o discernimento ou o controle da vítima com o objetivo de cometer estupro ou agressão sexual, além de invasão de privacidade ao captar, gravar ou transmitir imagem de caráter sexual, por agressão sexual com administração de substância à vítima, sem seu conhecimento, para alterar seu discernimento ou controle sobre suas ações, bem como de cumplicidade em estupros com diversas circunstâncias agravantes e autor desconhecido, por infrações, voyeurismo agravado e estupro com diversas circunstâncias agravantes".

Nesse exato momento, pergunto ao tenente se meu pai demonstrou algum remorso em relação à minha mãe ou a nós, seus filhos.

"Não. Seu pai simplesmente me agradeceu por 'tirar-lhe um peso das costas'."

Fico boquiaberta. Florian fica tenso, a mandíbula apertada. Já David tenta se manter firme, embora esteja encostado na parede com as duas mãos nos bolsos. Nunca me esquecerei de sua pele pálida, da expressão de terror em seu rosto e dos olhos petrificados. Quanto a mim, não sei se conseguirei chegar ao final desta conversa.

O policial continua.

"Seu pai foi preso pela primeira vez em 12 de setembro de 2020, em um supermercado de Carpentras, por filmar intencionalmente debaixo das saias de três mulheres que estavam nos corredores. Cada uma delas apresentou uma queixa, fazendo com que fosse convocado para prestar depoimento."

Mentalmente, agradeço a essas mulheres. Se elas não tivessem prestado queixa, os estupros poderiam ter continuado por muito tempo, especialmente entre dois períodos de confinamento. Do jeito delas, essas mulheres salvaram minha mãezinha. É preciso muita coragem e resistência das mulheres vítimas de crime ou de agressão sexual para que ousem entrar pela porta de uma delegacia. Sem elas, a polícia nunca teria conseguido acessar o conteúdo do telefone do meu pai.

Ao decodificar seu HD, os investigadores forenses descobriram mais de 20 mil fotografias e produções pornográficas pessoais, mais parecidas com uma barbárie do que com simples fantasias sexuais.

Nessa época, eu sabia pouco ou nada sobre a submissão química. Eu tinha ouvido falar vagamente do GHB, "a droga do estuprador", mas não tinha ideia de que era tão difundida. Também fiquei sabendo que os agressores usam, cada vez mais, pílulas para dormir e ansiolíticos para abusar de suas vítimas, com certeza porque as substâncias são inodoras, incolores e facilmente solúveis em líquido.

Como pude ser tão ingênua? Logo eu, que me achava tão esperta?

Também me dou conta do empenho dos investigadores da delegacia de Carpentras. O primeiro objetivo deles foi proteger minha mãe de seu algoz.

Eles tinham pouco tempo. Resultado: levaram menos de dois meses para decodificar a maioria dos vídeos horrendos e identificar os 53 primeiros agressores. Uma força-tarefa.

Ao sair do gabinete, peço que o tenente transmita uma última mensagem ao meu pai, antes que ele seja levado a um tribunal e, depois, preso: "Diga que eu nunca o perdoarei e que ele arruinou nossas vidas".

Encontramos mamãe, que precisa reler e assinar a última versão de seu depoimento. Estamos ao seu lado, por isso conseguimos ler os acontecimentos relatados. Ficamos atônitos ao descobrir que nosso pai havia realizado uma bateria de exames sorológicos, incluindo um teste de HIV, em março de 2020. E, de acordo com os históricos de prescrição médica obtidos junto ao sistema de saúde, ele tomava Viagra regularmente. Em poucos segundos, me dou conta de que ele também havia exposto minha mãe a várias infecções sexualmente transmissíveis. Ele oferecia sua esposa ao primeiro homem que encontrasse, sem nem mesmo exigir sexo seguro. Inclusive, às vezes ele proibia o uso de preservativos.

Preciso me sentar. Imediatamente, faço a conexão com os problemas ginecológicos de mamãe nos últimos anos – aqueles que, ingenuamente, atribuímos à sua fadiga, que se tornara crônica. Então, será preciso levar mamãe a um laboratório para fazer todos os exames sorológicos. O que mais vamos descobrir? Que ela está doente? Que contraiu HIV ou o vírus da hepatite? Tento guardar essa bomba em algum canto da minha mente.

Além da conversa com o psicólogo da delegacia, que dura menos de uma hora, nenhum atendimento médico é oferecido à minha mãe. Sou obrigada a ligar para minha prima, que é clínica geral. Mas como os outros fazem? Aqueles que não têm a sorte de ter um médico por perto?

O policial termina a conversa informando que nosso pai entrou com um pedido de liberdade provisória mediante uso de tornozeleira eletrônica. Ouço-me responder secamente que ele é um descarado.

Quando saímos da delegacia, seguimos para o tribunal de justiça para retirar um pedido de assistência jurídica. Precisaremos de um advogado para representar os direitos de mamãe.

Por volta das 16h, o portão elétrico branco da casa se abre, e o buldogue francês dos meus pais, que é muito apegado ao seu tutor, corre em nossa direção.

Você abria a porta do carro para que o cachorro pulasse em seu colo. Era um ritual. Claramente, o cão merecia um tratamento melhor do que nós.

Voltar a essa casa, sentir novamente seu cheiro, colocar minha bolsa no quarto roxo onde gostava de dormir com meu marido e filho; andar pelo corredor, passar pelas fotos da família, pelos quadros que ele pintou, um dos quais retrata uma mulher nua: tudo isso é insuportável. A memória desse lugar, tão belo e formador, transformou-se em uma infâmia. Vejo as paredes como testemunhas de cenas abomináveis. A face oculta de meu pai desmanchou tudo, sujou tudo. Ficou impossível olhar para uma foto feliz sem pensar em manipulação e engano. Quero queimar todos esses quadros, especialmente este da mulher nua.

Respiro fundo e me junto à minha mãe na cozinha. Meus irmãos estão ocupados na sala onde reina a escrivaninha do meu pai. Eles são firmes e categóricos: sem chances de ficarmos nesta casa por mais de três dias. Ainda é visível o lugar onde ficava o computador dele. Ele passava a maior parte de seu tempo livre ali, principalmente à noite, até de madrugada. Sentado em sua cadeira, ele expirava o vapor de seu cigarro eletrônico, os olhos grudados na tela. Mesmo quando os filhos e netos estavam em casa.

Temos que tirar o máximo de coisas possível, porque está fora de cogitação minha mãe continuar sozinha sob esse teto.

Meus pais imaginavam viver uma aposentadoria tranquila aqui. Meu pai, grande entusiasta de corridas de bicicleta, adorava as famosas rotas da região.

Localizada em uma rua sem saída muito tranquila e bem cuidada, essa casa era ideal para receber a família e os amigos. Tinha o tamanho certo e uma boa luminosidade. Tinha um certo charme com suas venezianas azul-claras, um lindo jardim repleto de árvores, uma piscina na qual minha mãe se sentia segura, uma área com solário e um canteiro de plantas que meu pai mantinha cuidadosamente. E aquela oliveira plantada não muito longe, que simbolicamente demos aos meus pais logo após o nascimento do Tom, a entrada de automóveis de cascalho com suas lindas luzes, a amoreira, os loureiros altos e alguns vizinhos, para que eles não se sentissem muito isolados. Com o passar dos anos, eles a transformaram em um lugar que se parecia com eles.

Eu amava esse espaço aberto bem na frente da casa.

Lembro-me dos churrascos, das conversas, das gargalhadas, dos encontros alegres, dos jantares demorados que às vezes acabavam em música ou concursos de dança, mas também das nossas barulhentas partidas de Trivial Pursuit ou Money Drop.

Recordo-me de sermos felizes. Eu achava que meus pais eram.

Minha mãe nunca teria pensado em deixar a região. Ela adorava a área verde e as montanhas, o Monte Ventoux, os vilarejos vizinhos, suas festas de verão, as lojinhas e os agricultores, o vento no inverno.

O toque do meu celular me traz de volta à Terra. Um número de Vaucluse. Na hora sinto uma pontada nas costas. Atendo. É o policial com quem acabamos de falar. Ele pede que eu volte à delegacia, dizendo que tem alguns equipamentos de informática para me entregar pessoalmente e alguns *pen drives* sem importância. O relógio do micro-ondas da cozinha marca 17h25.

Novamente, o sinal das más notícias. Então, agarro-me a esses números verdes como a uma boia salva-vidas.

Com gentileza, sugiro que isso certamente pode esperar até o dia seguinte, mas ele insiste e acaba me dizendo que tem algumas evidências a meu respeito para mostrar. Desligo. Meu corpo todo está tremendo. Pego a bolsa e as chaves do carro. Estou prestes a sair quando Florian me oferece uma carona – sem chances de ir sozinha, muito menos sem ele.

Naquele momento, nós dois temos certeza de que o pior ainda está por vir. No carro, com o coração acelerado e o peito prestes a explodir, abro a janela; minhas costas estão queimando.

O percurso dura uns vinte minutos, mas parece interminável.

Ao chegar à delegacia, tenho dentro de mim a certeza de que sairei de lá totalmente destruída. Meu irmão me abraça. Na verdade, não sinto mais minhas pernas.

Mesmo depois das 18h, há ainda policiais, homens e também mulheres, nesta delegacia provinciana. Como eu queria estar ali por conta de uma bolsa furtada ou uma invasão de domicílio!

Um policial faz sinal para segui-lo. Florian se levanta, pensando em me acompanhar, mas não é autorizado e precisa esperar ali por enquanto. A menos de dez metros, encontro uma nova salinha onde dois policiais estão me esperando, sentados atrás de seus computadores. Sento-me, coloco minhas duas mãos nas coxas e as aperto o mais forte possível para conter meu estresse.

Então, reparo em uma grande pasta azul. Algumas folhas estão ligeiramente para fora. Fotos impressas em formato A4.

Tenho medo do que vou ver.

O oficial pede que eu fique tranquila: "Não há nada tão horrível assim". Ele tem duas fotos para me mostrar e só quer saber se me reconheço nelas.

Na primeira foto que ele coloca na minha frente, vejo uma jovem de cabelos castanhos escuros, corte chanel, deitada em uma cama, do lado esquerdo. É madrugada, mas é possível distinguir uma luz artificial – a do abajur da cabeceira. Ela usa uma blusa de frio de pijama branca e uma calcinha bege.

O edredom está levantado do lado direito, de modo a mostrar suas nádegas em primeiro plano. Ela está dormindo. Parece muito pálida e com olhos fundos.

Levanto a cabeça, informando que não tenho certeza de que sou eu.

Meu celular está vibrando no bolso do meu casaco. É David. Com certeza quer saber o que está acontecendo. Ele insiste, mas não posso atender.

Então, o oficial pega a segunda foto e me entrega. Os lençóis me dizem vagamente alguma coisa. Mas só isso. Exatamente a mesma posição, é perturbador. O mesmo perfil e as mesmas sensações estranhas quando olho para a imagem.

Visivelmente, trata-se de um lugar diferente. Dessa vez, a mulher usa uma regata estampada em branco e preto e o mesmo tipo de calcinha da foto anterior. Então, peço para rever a primeira foto. Na verdade, é a mesma calcinha bege nas duas fotos. Repito que não me reconheço.

O oficial me observa por alguns segundos.

"Desculpe perguntar, mas é que você tem uma pinta escura na bochecha direita, igual à dessa jovem das duas fotos, não é?"

Meus olhos se voltam para as duas fotos. Tenho um estalo. Sinto meu corpo formigando, manchas como estrelas me impedem de ver claramente, minhas orelhas estão zumbindo. Dou um passo para trás. O oficial chama meu irmão. Florian se abaixa diante de mim, segura minhas mãos e pede que eu respire junto com ele.

Finalmente, me dão um copo de água com açúcar.

Como ele pôde me fotografar em plena noite sem me acordar? De onde vem aquela calcinha que estou usando na foto? Será que ele também me drogou? Pior, será que além dessas fotos ele também abusou de mim?

Quando recobro a consciência, olho o oficial e concordo. Sim, sou eu nas fotos. Tenho dificuldade em dizer a data, mas sei que elas são de alguns anos atrás. Um dos policiais tenta me tranquilizar:

"O interrogatório psiquiátrico de seu pai, feito durante a primeira detenção em setembro de 2020, revelou um desvio baseado no voyeurismo."

Ele acrescenta que as diferentes provas encontradas desde então revelam o aumento de suas pulsões sexuais. Isso teria ocorrido de forma progressiva nos últimos anos, culminando no ato irreparável contra minha mãe.

Atônito, Florian me pergunta se pode ver as duas fotos que me dizem respeito. E, assim como eu, precisa admitir o inconcebível.

Estamos atordoados, chocados. Alguns minutos se passam.

Agora, tenho que prestar queixa contra meu pai. Uma forma de registrar que eu também sou uma vítima. É impossível deixar isso para lá. Essas fotos são um indício complementar do tamanho de sua perversidade.

"Você tem algum *flash*, uma lembrança, um detalhe que seja?", pergunta o policial.

Sem saber por que, penso em Pascale, a melhor amiga da minha mãe, que não vemos há vinte anos. Elas se conheceram no trabalho, no começo dos anos 1980. Elas têm dez anos de diferença. Minha mãe, mais velha, considerava-a como sua irmã mais nova e a escolhera como madrinha de Florian. Ela era parte da nossa família. Pascale compartilhou muitos momentos importantes de nossa vida. Ela vinha nos visitar com frequência e era recebida como se estivesse na sua própria casa.

No entanto, elas discutiram no começo dos anos 2000 por uma história que eu não entendi muito bem. Lembro que meu pai tinha papel central. Ele não parou de difamá-la para afastá-la de minha mãe.

Na época, Pascale tinha alertado mamãe para o comportamento inadequado do meu pai, que teria tentado seduzi-la.

"Você não sabe com quem está vivendo. Está na hora de abrir os olhos. Seu marido não é quem você pensa."

Depois de uma discussão acalorada, minha mãe pediu que ela saísse de seu escritório.

Quando mamãe o questionou, meu pai negou os fatos e até ameaçou acertar as contas com ela. Depois desse episódio, elas não se falaram mais. Na época, fiquei espantada com a atitude do meu pai, que eu achava desproporcional para alguém que não tinha nada a esconder. Eu me questionei muito.

Minha mãe ficara bastante infeliz. Decidir colocar um ponto-final numa amizade de vinte anos foi de partir o coração. Influenciada pelo meu pai, ela acabou cortando definitivamente os laços com Pascale.

Hoje, estou convencida de que essa ruptura na vida da minha mãe representava os primeiros sinais do controle que meu pai já exercia sobre ela.

> *Você a fazia rir tanto. Contava uma piada, ela ria. Eu achava que, depois de tantos anos, era um milagre manter o mesmo senso de humor. Durante os primeiros anos em Mazan, vocês eram hilários. Tudo era uma desculpa para rir.*

Sugiro que o policial entre em contato com Pascale. Em seguida, releio minha declaração e a assino. Nós nos levantamos para sair. Reflito comigo mesma. Proíbo-me de imaginar o que poderia ter acontecido além dessas duas fotos.

Florian e eu descemos as escadas correndo, como se estivéssemos fugindo, deixando o inimaginável para trás, como se ele estivesse preso nesta delegacia e fosse incapaz de afetar nossas vidas, como se essas duas fotos pudessem desaparecer se eu me afastasse.

No caminho para casa, retorno a ligação de David. Ele está arrasado.

Fico impressionada com a posição em que estou nas fotos. Tenho certeza de que não estou dormindo naturalmente. Em geral, meu sono é leve, qualquer coisinha já me acorda. Então também fui dopada.

Minha mãe está na sala de estar, diante de alguns documentos espalhados pela mesa. Ela encontra cobranças, problemas financeiros. Meu pai havia enfiado esses papéis de qualquer jeito dentro de sacos plásticos.

Quando entro na sala, ela me olha de um jeito distante, como se eu tivesse voltado de uma caminhada. Não sei se ela aguenta a história das duas fotos, mas preciso contar. E, como eu esperava, ela não reagiu. Ficou ali, parada, na minha frente, sem expressão.

"Tem certeza de que é você nessas duas fotos?"

Ela não acredita no que eu vi. Estou pasma. Talvez seja uma defesa inconsciente, mas essa reação me magoa. Florian entra na sala e declara com firmeza que sou eu nas fotos. Não há dúvidas quanto a isso. Em uma delas, ele até acha que reconhece o lugar. Um dos quartos do antigo apartamento de nossos pais. Bem antes de 2013.

Então, compreendo que mamãe está escolhendo a negação.

Preciso de ar e de Paul – o que significa a mesma coisa. Vou para fora ligar para o meu marido.

Ele está revoltado. Insiste para que eu escolha um advogado. Ele buscou informações e logo encontrou um nome: uma especialista em processos criminais de personalidade forte, conhecida por ser uma leoa nesse tipo de caso. Quando digito o número dela, já estou novamente na sala, de frente para minha mãe. Ela está presente, mas sem estar, murmurando que tudo está indo rápido demais para ela.

A advogada atende. Ela menciona rapidamente a importância das avaliações toxicológicas e psiquiátricas, de ambos os lados. Ela logo nos tranquiliza quanto ao aspecto financeiro. Embora os custos sejam altos, eles serão em grande parte deduzidos das indenizações a serem recebidas no final do julgamento, pelo menos para mamãe. Ela nos diz o que devemos escrever para o juiz de instrução. Mesmo que tudo isso esteja dessincronizado com nosso estado de atordoamento, consigo ver o que está nos aguardando. Teremos que travar uma longa batalha, uma corrida de longa distância. Cada um de nós terá que seguir seu próprio caminho, sua cota de luto. Minha mãe terá de renunciar ao marido; nós, ao nosso pai.

"Nesse tipo de investigação, é preciso esperar pelo menos três anos para que se possa ir a julgamento", explica a advogada. "Infelizmente, o tempo judicial não é o mesmo das vítimas."

Essa linguagem se tornará meu cotidiano. Eu, que pensava ter uma vida simples e comum, me vejo catapultada para o mundo judicial.

Continuo sem conseguir engolir nada. Eu me contento com uma tigela de sopa antes de continuar a desenterrar as cartas empilhadas nas gavetas da escrivaninha do meu pai. Descubro multas que indicam deslocamentos noturnos imprevistos por rodovias, avisos de cobrança enfiados de qualquer jeito nos bolsos. A que correspondem essas dívidas? Por que o tribunal administrativo de Carpentras o intimou várias vezes? Minha mãe não consegue responder às minhas perguntas. Não apenas porque está exausta, mas também porque delegou a administração da casa ao marido há muito tempo. Nem as compras ela fazia mais. Meu pai, fingindo aliviá-la dessa tarefa, ia sozinho. Com exceção das caminhadas com sua amiga Sylvie, minha mãe não tinha mais nenhuma atividade social real. Calculo o grau de controle que meu pai tinha sobre minha mãe.

De todo modo, segundo ela, ficou impossível se interessar pela correspondência: ele fazia questão de buscá-la pessoalmente, assim que o carteiro passava.

Ele inclusive chegava a repreender mamãe, que se sentia excluída e acabou deixando para lá.

Apesar do meu cansaço, estou apavorada com a ideia de dormir sozinha no quarto roxo. Quantos agressores já vieram a esta casa para estuprar minha mãe? Tenho medo de que alguém venha nos visitar no meio da noite. Florian aceita dormir em um colchão no chão, ao lado da minha cama.

Ao mesmo tempo, Tom e Paul passam a noite em casa, assistindo à partida entre o Paris Saint-Germain e o Olympique de Marseille. Tom e meu pai, seu vovô, tinham o costume de conversar por telefone antes do início dos jogos para fazerem as previsões. Dessa vez, meu filho apenas comenta:

"Papai, diga ao vovô que estou torcendo para o OM."

Paul fica imóvel. Na hora em que os jogadores entram em campo, ele é tomado por uma grande tristeza. Ele sabe que essas ligações nunca mais se repetirão e está com muita raiva do meu pai por privar Tom, que sempre teve um grande afeto pelo vovô, dessas conversas. Após colocar nosso filho na cama, Paul decide enviar uma última mensagem de texto ao meu pai.

Ele sabe muito bem que a probabilidade de meu pai ler essas linhas, das profundezas de sua cela, é muito pequena. Mesmo assim, Paul escreve para ele pela última vez.

> *Estou escrevendo uma mensagem que você nunca vai ler.*
>
> *Assistir a um jogo do OM com seu neto significa ouvir "diga ao vovô..." a cada cinco minutos. Mas não poderei falar mais nada ao vovô. E meu filho também não.*
>
> *Você é uma pessoa deplorável por ter feito o que fez.*
>
> *Você é desprezível por privar meu filho de seu último avô.*
>
> *Estou chorando e quero que você se foda.*

Na minha cama, fico pensando sem parar nas duas fotos. Acordo às 5h42, sem me lembrar de onde estou. Consigo ouvir a respiração de Florian, dormindo profundamente ao meu lado. Estou com medo de ir ao banheiro, que fica na outra ponta do corredor, em frente à porta de entrada. Esta casa ficou perigosa. Ir ao banheiro virou um campo minado. Mantenho meus olhos grudados na luz do celular.

Volto correndo para a cama e me enrosco debaixo dos lençóis. Gostaria de voltar a dormir, mas estou em estado de alerta. Estou atenta ao menor ruído.

Não vejo a hora de o dia amanhecer.

**Quarta-feira,
4 de novembro
de 2020**

Duas horas depois, sou acordada pelo som de talheres. São 7h45 da manhã. Minha mãe está sentada na cozinha com sua caneca de café preto, olhando para a porta. Talvez esteja esperando meu pai, depois de um de seus passeios matinais de bicicleta. Parece tão pequena nesta cozinha silenciosa, de frente para a cadeira vazia do meu pai. Muitas vezes, quando eu vinha visitá-los, eu os encontrava um de frente para o outro pela manhã, conversando sobre os afazeres do dia ou comentando as notícias.

Coloco-me na frente dela, que me oferece um café. É a primeira vez que ficamos a sós desde o nosso reencontro na noite anterior. É evidente que sua noite foi tão curta quanto a minha.

Ela também ficou pensando nas fotos mostradas na delegacia, nas quais aparece nua e inconsciente. Para ela, isso não é real. Essas imagens não têm nada a ver com seus anos de casada.

Mamãe me conta sobre a manhã de 2 de novembro, quando foram intimados a comparecer à delegacia. Naquela ocasião, a polícia havia apreendido o computador do meu pai após sua primeira prisão, no supermercado de Carpentras. Dessa prisão, minha mãe só conhece uma versão bastante atenuada, feita pelo meu pai. Ele lhe contou sobre duas mulheres em vez de três, e não disse que havia filmado por baixo das saias delas. Naquele dia, na cozinha, ele chora muito, confessa "um grande erro". Temendo a notícia de uma doença grave, minha mãe fica quase aliviada com sua confissão. Especialmente porque meu pai jura de pés juntos que não sabia o que o tinha acometido, que essa havia sido a primeira vez, uma insanidade passageira.

Uma comédia grotesca e patética.

Como quem não quer nada, ele lhe confiara que estava pensando em consultar um psiquiatra. Na verdade, ele não tinha escolha, pois isso fazia parte das condições de liberação de sua primeira custódia policial.

Então acrescentou que não poderia mais fazer aquela bela viagem de veleiro de um mês com seu irmão mais velho e o sobrinho, com a qual tanto sonhava.

Essa grande viagem estava prevista para começar em 30 de setembro de 2020, mas meu pai deu como desculpa a falta de espaço no barco e a duração de sua ausência. Talvez fosse muito longa para minha mãe.

Na verdade, ele já sabia que seria chamado novamente pela polícia e que não poderia deixar o território.

No fim, mamãe seria chamada pela polícia da delegacia de Carpentras em 13 de outubro – menos de um mês depois dessa farsa.

Dessa forma, quando o policial perguntou se ela sabia do incidente com o marido no supermercado em meados de setembro, mamãe respondeu positivamente. Com astúcia, o policial pediu a ela que acompanhasse o marido à nova convocação em 2 de novembro. Ela estava muito longe de imaginar o que a esperava.

Mamãe se levanta para pegar mais café. Ela me conta sobre os últimos momentos passados com meu pai.

Na manhã do dia 2 de novembro, meu pai estava estranhamente calmo. Ambos haviam se levantado ao mesmo tempo, por volta das 7h, para, sem saber, tomar o último café da manhã juntos. Minha mãe se lembrou do aniversário de seu irmão Michel, que havia morrido anos antes:

"Hoje Michel faria 69 anos."

Às 8h45, eles saem de casa.

Meu pai estava vestindo sua calça de veludo verde-garrafa e a camisa polo rosa do Eden Park que Paul e eu havíamos dado. Ele colocou a jaqueta cinza do agasalho por cima. Minha mãe apontou sua falta de elegância.

> *"Ah, sua mãe e sua eterna preocupação com os detalhes", você dizia, suspirando, com um cansaço um pouco amargo, que eu atribuía aos quase cinquenta anos de vida juntos, sem medir o desprezo escondido por trás dessa frase. Você deve odiar as mulheres e seus desejos, porque decidiu que sua esposa pagaria por todas elas.*

Durante o percurso, meu pai não demonstrou nenhum sinal de ansiedade, disse minha mãe. Ele dirigia tranquilamente.

Assim que estacionou, caminhou confiante em direção à delegacia. No fundo, estava convencido de que se tratava apenas de uma formalidade administrativa.

Primeiro, o tenente pediu que meu pai o acompanhasse. Ele se levantou sem olhar para minha mãe.

Depois de uma hora, mamãe viu o tenente descer novamente. Dessa vez, ele veio atrás dela.

Minha mãe achou que ia encontrar meu pai, mas o policial pediu que ela se sentasse. Não ousou perguntar qualquer coisa. O tenente questionou-a sobre o que havia acontecido no supermercado dois meses antes, e então o interrogatório tomou um rumo que minha mãe achou estranho:

"Senhora, que adjetivos caracterizam a personalidade de seu marido?"

"Meu marido é uma pessoa gentil, atenciosa, sempre pronta para ajudar. Ele é muito querido pelas pessoas ao nosso redor. Nós nos conhecemos quando tínhamos 18 anos e nos casamos pouco tempo depois, em abril de 1973. Temos três filhos e vários netos."

"Você diria que continuam sendo parceiros próximos depois de todos esses anos?"

"Sim. Tivemos nossos altos e baixos, mas sempre conseguimos superá-los."

"Você tem amigos na região? Frequentam a casa uns dos outros?"

"Moramos em Mazan desde março de 2013. Sim, é claro que temos amigos. Nós nos vemos, convidamos uns aos outros para almoçar ou jantar, enfim, temos uma vida bem normal."

"Vocês tiram cochilos?"

Mamãe ficou confusa. Especialmente quando o policial perguntou como ela se sentia ao acordar de manhã, com que frequência faziam sexo, se praticavam swing...

"Não, que horror, eu não suportaria as mãos de outro homem, preciso do sentimento", respondeu mamãe, perplexa. Ela se perguntou se não tinham pegado a pessoa errada.

Finalmente, o tenente pegou o primeiro arquivo. Com um olhar ao mesmo tempo compassivo e embaraçado, ele a avisou de que aquelas imagens não iam ser agradáveis. O peito de mamãe estava doendo. Ela tirou os óculos.

Na primeira foto, ela aparecia inconsciente, nua, de bruços, com um homem atrás dela. As outras três fotos eram semelhantes, sempre com homens diferentes. Eram seu quarto, sua cama, seus lençóis, suas mesas de cabeceira, suas luminárias.

E era ela. Mas ela não se lembrava de nada.

O policial lhe mostrou outra foto do meu pai agachado de frente para outra mulher nua, que ela não conhecia, que claramente também estava inconsciente.

Em seguida, propôs mostrar à mamãe uma seleção de vídeos. Ela recusou, exausta.

O policial decidiu informar à minha mãe sobre a submissão química realizada por meu pai. Ele colocava uma mistura de soníferos e ansiolíticos em seu café ou em sua taça de vinho. Às vezes, ela dormia por mais de oito horas seguidas. A primeira agressão datava de setembro de 2013, de acordo com uma análise dos equipamentos eletrônicos do meu pai – vários chips de celular, uma filmadora, uma câmera e um HD contendo mais de 20 mil fotografias e vídeos. A brigada já identificara 53 estupradores desde o início das investigações e sugeria que provavelmente haveria mais.

"No imaginário coletivo, os estupros geralmente acontecem à noite, em um estacionamento ou em um beco escuro", explica o oficial, "mas, na maioria dos casos, o agressor é alguém da família da vítima, como um amigo, cônjuge, colega, parente etc.

E a administração de drogas é mais comum do que pensamos. Nem sempre é um comprimido em um drinque, durante uma festa. A submissão química também pode ocorrer em um casal."

Mamãe só entendia metade do que era dito. Ela estava arrasada. Agora, precisava registrar uma queixa contra o marido e, em seguida, consultar urgentemente um psicólogo.

Quando finalmente chegou em casa, mamãe encontrou-a revirada. A polícia tinha voltado para revistar a casa naquela manhã, em busca de novas provas. Levaram o computador extra que meu pai havia comprado enquanto esperava recuperar o seu. As gavetas e os armários foram revistados e tudo foi revirado. Minha mãe, atônita e sem palavras, colocou sua casa em ordem novamente.

Lavou, secou e passou as roupas do meu pai, preparando-lhe uma muda de roupa para levar à delegacia. Ela agia como um robô. Seu corpo funcionava, mas sua mente não. Na psicoterapia, essa reação é chamada de dissociação, que permite que você isole a experiência para lidar melhor com o trauma. É um mecanismo psicológico de autodefesa.

Estou no quinto café quando mamãe termina a história. O resto eu sei. Meus irmãos vêm nos encontrar na cozinha.

Decidimos começar uma grande faxina. Começo pelas gavetas da escrivaninha. A situação financeira dos meus pais parece tão bagunçada quanto catastrófica.

Algumas das correspondências indicam um enorme endividamento. Definitivamente, não chegamos ao fim de nossas surpresas.

David e Florian esvaziam os quartos. O objetivo é sair no final da quinta-feira, 5 de novembro. Nenhum de nós quer passar uma terceira noite aqui. Mamãe não quer manter boa parte de sua vida de *antes*. Fotografamos a maioria dos móveis e postamos no Bon Coin.[3] Enchemos sacos de lixo grandes e os levamos para o depósito. Mesmo assim, nosso frenesi poupa algumas caixas, algumas lembranças do passado.

Foto do segundo casamento de vocês, 7 de julho de 2007. Depois daquele famoso divórcio por motivos financeiros. Você está usando um terno cinza-claro, sorrindo, abraçando mamãe. Você parece invencível. E íntegro.

Tiro seus desenhos e telas das paredes da casa. Todos os que pintou desde que chegaram a esta

---

[3] Site de vendas de objetos usados. (N.T.)

cidade. Começando por esse quadro de uma mulher nua. Pego-o, vou para fora, querendo esmagar e destruir a pintura no encosto de uma das cadeiras.

A tela se divide em duas e um dos pedaços está virado. No verso, uma inscrição em lápis preto. A pintura se chama "O domínio", de agosto de 2016.

À noite, mantenho os olhos abertos.

Hoje, meu pai foi encaminhado para a divisão criminal do tribunal judicial de Avignon, para, mais tarde, comparecer perante a juíza. Em seguida, será diretamente encarcerado na penitenciária do Pontet, no prédio reservado aos criminosos sexuais. Vou ter que me acostumar a colocar as palavras "meu pai" e "criminoso sexual" juntas. Penso nas duas fotos. Até onde ele foi comigo?

**Quinta-feira,
5 de novembro
de 2020**

Meu corpo está duro. Minhas costas continuam doendo. Meus irmãos já foram para o centro de tratamento de resíduos. É nosso último dia aqui. Ainda há muito o que fazer antes de pegarmos o trem para Paris com mamãe, que partirá conosco.

Minha amiga Anne liga para saber como estou. Ela me aconselha a consultar logo uma psicóloga e recomenda uma profissional especializada nesse tipo de trauma. Saio de casa para ligar para ela.

Começo falando sobre o que meu pai fez com minha mãe: as drogas, os estupros, as mentiras, a manipulação. Depois, conto a ela sobre as duas fotos minhas.

Ela fica em silêncio. Ao colocar em palavras, pela primeira vez, todas as ansiedades que estavam ocupando minha mente e me deixando obcecada por quase três dias, percebo a violência e a aberração do que estou vivendo.

Finalmente, a psicóloga me diz seus honorários, para acabar comigo de vez.

Quando me dou conta de que estou sentada na amoreira, já se passaram vários minutos desde que desliguei. Não consigo me levantar.

Ouço o portão se abrir, meus irmãos estão voltando do centro de tratamento de resíduos, é a última carga deles. Florian vem até mim.

Começo a chorar.

"Acho que fui drogada. Não estou dormindo naturalmente nessas duas fotos. A luz é muito forte para não ter me acordado. Além disso, eu me conheço, não durmo vestida assim, nem nessa posição, que é exatamente a mesma nas duas fotos."

Florian percebe que estou sofrendo um ataque de pânico. De qualquer forma, é tarde demais, meu sistema mental de sobrevivência se desregulou. Meus irmãos me levam para a cozinha e me colocam em posição lateral de segurança no chão. Estou tremendo e suando. Minha mãe olha para mim, assustada. Florian está falando comigo, mas não consigo mais ouvi-lo. Minha visão está embaçada. Então, de repente, não há mais som ou imagem.

Quando volto a mim, os bombeiros estão lá. Medem minha pressão arterial, me dão um copo de água com açúcar. Uma mulher jovem fala gentilmente comigo. Imploro por sua ajuda. Quero sair correndo.

Fico ali sentada por vários minutos, depois percebo que é o caso de me darem um calmante – para isso, preciso ir ao pronto-socorro de emergência de Carpentras.

David intervém. Se eu entrar naquele caminhão vermelho, não há nenhuma chance de voltar com eles esta noite. Não posso ficar nesta casa nem mais um dia. É muito difícil, muito pesado, muito doloroso. A única alternativa é ir com urgência a um médico na cidade. Quarenta e cinco minutos depois, entro no consultório médico, acompanhada de meus dois irmãos. Em poucos minutos, um pequeno comprimido faz eu me sentir mais leve. Quando voltamos, nossa casa de *antes* é quase uma concha vazia. Está na hora de irmos embora. Quando fechamos a porta, o rosto de mamãe endurece. Ela não deixa quase nada para trás.

Você se lembra da festa organizada para os cinquenta anos juntos na nossa casa?

Nós, seus filhos, seus amigos, o serviço de buffet requintado, os vinhos finos, a música de que você tanto gostava e que todos nós dançamos naquela noite, com mamãe agarrada ao seu pescoço.

No seu discurso, você delicadamente lhe agradeceu, "o meu mais belo encontro e o meu tudo", por todos estes anos de felicidade.

E terminou com: "Obrigado, vida".

Na mesma noite, estamos na estação de Avignon.

Quando chegamos em casa, Paul tinha organizado tudo e preparado o quarto de hóspedes para mamãe. Tinha até colocado um lindo buquê de flores. Um desenho colorido de boas-vindas, feito por Tom, reina na estante.

Paul diz que encontrou a psicóloga ideal para mamãe. Ela pode recebê-la a partir do próximo sábado de manhã em seu consultório. Primeira boa notícia da semana. Desta vez, espero conseguir fechar os olhos por mais de duas horas.

**Sexta-feira,
6 de novembro
de 2020**

Nesta manhã, acordo sem voz. Ela se foi, assim como minha vida de *antes*.

No café da manhã, trago o arquivo que trouxe de Mazan, que contém extratos bancários e empréstimos. Por mais de uma hora e meia, analiso as inúmeras correspondências para cruzar as informações. Rapidamente, me dou conta da extensão do prejuízo.

As dívidas são astronômicas. Mamãe não sabe me dizer exatamente até onde eles haviam chegado com as prestações.

"Era ele quem cuidava disso", ela diz.

Perco a paciência: "Como você pôde confiar a ele essa parte de sua vida? A ele, que sempre foi péssimo administrador? Se esse fosse seu forte, todos saberíamos! Depois de todas as dificuldades que você passou!".

Minha mãe não fala nada. Ela parece não perceber que essa situação financeira mudará consideravelmente seu padrão de vida.

As ligações telefônicas que faço para os bancos confirmam meus temores. Grandes empréstimos contratados, quase todos no nome de mamãe.

Vários recursos foram apresentados contra eles, e uma das últimas sentenças registradas pelo departamento de justiça em Carpentras estabelece juros de mora de 14% ao ano sobre um empréstimo já colossal feito em 2009. A dívida acumulada é impressionante. Quase caio para trás!

Perco a paciência novamente quando minha mãe promete assumir a responsabilidade e administrar as coisas. Tenho vontade de chacoalhá-la. Quanto mais aprendo sobre a vida de meus pais, mais percebo o controle que meu pai exerce sobre ela, sem que ela pestaneje. Sou dominada por um cansaço profundo. Deito-me. Será que um dia esse pesadelo vai acabar?

Várias horas se passam. Quando acordo, sinto dor nas têmporas e levo uns bons quinze minutos para sair da cama.

Mamãe acaba de voltar de sua caminhada. Está escurecendo. Ela parece relaxada. Estou com raiva de mim mesma por tê-la pressionado tanto. De agora em diante, prometo a mim mesma tratá-la com carinho.

Paul acena para que eu o siga discretamente até a cozinha. Eu travo no lugar. O que será dessa vez?

Ele aponta para a tela do computador. Posso sentir que está nervoso.

"Leia isto."

Um artigo datado do dia anterior no site Actu17: "Carpentras: drogava a esposa, convidava estranhos para estuprá-la de madrugada e filmava as cenas".

Quando descobre, minha mãe cai nos braços de Paul, que a leva para o sofá. Dessa vez, sou eu que estou impotente. Este artigo logo será seguido por outros. Paul sabe. É o que ele faz. Os sites da imprensa regional também vão se interessar pelo assunto. Agora tenho de ligar para meus irmãos para avisá-los. Estamos destruídos.

"Que escândalo!", exclama Florian.

Nós três ficamos arrasados.

Quem é realmente meu pai? Onde está o homem que um dia me mimou? Onde está o homem que me levou à escola, me incentivou em minhas atividades esportivas, meus estudos, meus projetos e, mais tarde, em minhas escolhas profissionais?

O homem que cuidava de seus netos, brincava com eles e parecia satisfeito com sua vida familiar? Como é possível levar uma vida dupla e enganar todo mundo por tantos anos?

Paul se aproxima de mim. Eu lhe dou um tapa pela primeira vez em nossa história. Estou completamente fora de mim. Minha mãe pede que eu me recomponha. Mas não consigo. Depois da explosão nervosa, vem uma crise de ansiedade. Peço ajuda. Muito tempo depois, Paul me dirá que esse ataque histérico o assustou muito. Alguns momentos depois, a ambulância chega. Vejo minha vizinha debruçada em seu portão. Ela está falando comigo. Não consigo ouvi-la. Já estou longe.

Chegamos ao hospital. Passo uma parte da noite em uma maca, depois em um quarto, onde virão me visitar duas vezes. Se ao menos eu tivesse sido acompanhada assim que saí da delegacia de Carpentras... se ao menos eu tivesse podido contar com apoio terapêutico e não tivesse sido deixada à minha própria sorte, eu não teria acabado neste hospital. Quando o sistema judiciário será capaz de apoiar e proteger as vítimas depois de registrarem uma queixa? Como é possível permitir que pessoas traumatizadas voltem para casa sozinhas como se nada tivesse acontecido, especialmente nesse tipo de caso? Por que ninguém do alto escalão pensou em vincular sistematicamente os profissionais da área jurídica e da saúde na saída de uma delegacia?

**Sábado,
7 de novembro
de 2020**

Estou na emergência psiquiátrica. Uma enfermeira me pergunta por que tive um colapso nervoso no dia anterior. Meu rosto fala muito, meus olhos estão vermelhos e inchados de lágrimas. Digo a ela, em um sussurro trêmulo, que quero ir para casa.

"Emergência, tudo bem, mas emergência psiquiátrica, não."

"Certo, mas primeiro explique por que você foi transferida para cá."

Eu começo. Ela se acomoda na cadeira. Ouço-me dizendo: "Sim, esse é o tipo de coisa que só acontece nos filmes".

Falar aumenta minha dor. Não consigo parar de chorar. Quero muito ir para casa. A enfermeira diz que estou em choque emocional e que não posso sair nesse estado. Preciso consultar um psiquiatra primeiro. Ela me leva ao meu quarto e me entrega um telefone. Paul atende.

"Essa crise é um primeiro alerta, Carol. Você precisa de ajuda. Precisa se cuidar e descansar um pouco."

Dois médicos entram e me oferecem um "relaxante" para ajudar em minha consulta.

Alguns minutos depois de tomar a pílula, meu corpo relaxa. Enquanto conto minha história, sinto todos os meus membros ficarem pesados. Sem querer, deslizo para o lado esquerdo, como nas minhas duas fotos. É muito constrangedor. Peço desculpas por estar caindo, mas não consigo evitar. Os médicos me dizem que, devido à minha exaustão extrema, é melhor ficar lá pelo menos até o dia seguinte. Posso ouvir e entender tudo, mas meu campo de visão está se estreitando. Era assim que minha mãe se sentia?

Quando acordo, estou mais preocupada do que nunca. A submissão química não é para mim. Não consigo me situar no tempo e no espaço. Não tenho celular nem relógio.

Minha língua está dura. Tento organizar meus pensamentos, mas estou atordoada. A enfermeira entra no quarto e diz que me deram um neuroléptico potente para que eu pudesse relaxar e descansar. Mais tarde, eu ficaria sabendo que esse era um tratamento para certos tipos de esquizofrenia.

"Você está frágil e seu estado mental é preocupante demais para que possa ir embora. Passe pelo menos uma noite aqui conosco e consulte o médico de plantão pela manhã", diz a enfermeira.

De jeito nenhum. Se eu ficar presa, meu pai vai aparecer, me olhar, me tocar como se eu fosse uma coisa, tirar fotos e, quem sabe, trazer homens. De jeito nenhum. Tento me levantar, mas estou presa, como se estivesse amarrada em meu próprio corpo. Gostaria de ver meu marido.

"Eu liguei para ele", diz a enfermeira. "Ele vai trazer algumas coisas para esta noite. Vamos colocar você em uma cadeira e mudar de quarto."

O elevador parece uma gaiola de aço. É assustador passar por esse grande edifício com suas paredes pálidas. Ouço gritos. Choros. Reclamações. Na minha cabeça, passam cenas de *Um estranho no ninho*, com Jack Nicholson. Mas não estou em um filme.

Quando finalmente chego no quarto, meu estômago dói e as lágrimas escorrem até meu pescoço. Pedem que eu vista um avental branco que está sobre o travesseiro amarelo. Por milagre, Paul aparece na porta. Quero me jogar em cima dele e gritar seu nome, mas não consigo me mexer e minha garganta parece trancada. Ele trouxe minha nécessaire, um pijama e uma muda de roupa.

Ele tenta me tranquilizar: "É só uma noite, Carol. Estou realmente preocupado com você. Nunca a vi tão angustiada".

Uma refeição embalada a vácuo é entregue. Nem a sopa, que é horrível, desce. Só consigo beber água.

A enfermeira da noite entrega três comprimidos de cores diferentes, que ela pede que eu tome imediatamente. Tenho medo de tomar os três.

Decido tomar apenas um. Paul me observa cair em um sono artificial. Ele me beija, diz que me ama e sai, discretamente, do quarto.

Penso em minha mãe, que não veio me ver.

Por volta das duas da manhã, acordo em uma névoa, ainda sob o efeito da pílula. Consigo ver as luzes lá fora.

Estou com muita sede. A campainha não funciona. Vou me arrastando até a porta. No final do corredor, um homem corpulento e de cabelos escuros se aproxima. Ele tem uma lanterna e um molho de chaves.

"O que está fazendo acordada a essa hora da noite?"

"Preciso de água."

Depois de cinco minutos de um diálogo cheio de desentendimento, ele me chama de maluca e me empurra de volta para o quarto. Bate a porta com força. Esse homem me lembra mais um guarda de prisão do que um enfermeiro. Então, estou sendo detida no manicômio. Tenho que sair daqui. Minha saúde mental depende disso.

**Domingo,
8 de novembro
de 2020**

De manhã cedo, ouço um soluço atrás da porta. Uma mulher está chorando desesperadamente. Isso dura mais de uma hora. Ela está murmurando em uma língua que não entendo. Ouço a cabeceira de sua cama de metal batendo contra a parede. Chamo a enfermeira.

"Temos que esperar o médico chegar para podermos colocá-la para dormir. Mas não se preocupe, ela está amarrada à cama."

Estou indignada. Como podemos deixar as pessoas sofrerem assim? Amarradas a uma cama? Pude recuperar meu celular e imploro a Paul que venha me buscar. Ele me lembra que, primeiro, preciso convencer o médico de plantão.

É uma mulher que vem me ver no final da manhã. Ela fala baixo, com um olhar questionador, examinando meus gestos e testando minha capacidade de me expressar. Estou tendo pensamentos suicidas? Como me sinto em relação a deixar o hospital?

"Quero sair. Vou buscar ajuda, mas não assim."

Então, ela sugere um acompanhamento medicamentoso. Está fora de cogitação engolir esses comprimidos. Explico-lhe que a submissão química está diretamente ligada ao trauma que me trouxe até aqui. Não quero estar sob a influência disso.

É exatamente isso que arruinou nossas vidas. A médica insiste, me dá uma receita de antidepressivos e pílulas para dormir e recomenda acompanhamento psiquiátrico de emergência na cidade. Não tento negociar. Concordo. Meu único objetivo é sair deste lugar.

Quando me encontro só novamente, decido ligar para minha prima, que é clínica geral e mora no interior. Ela está sabendo do drama pelo qual estamos passando.

"Você sabe quanto eu amo você, Carol? Você está passando por um choque terrível, aguentou firme vários dias em um estado de angústia profunda, agora é hora de ser menos exigente consigo mesma. Você precisa de um apoio, confie em mim."

Minha prima compreende meus temores e se oferece para me receitar alguns medicamentos sem risco de dependência. Também é o caso de tomar um anti-histamínico para me relaxar caso eu fique muito estressada. Ela me explica que é fundamental cuidar das emoções e distúrbios logo nos primeiros dias após um trauma como esse.

Confio totalmente nela. Amo-a como a uma irmã, por isso, escuto-a com atenção e lhe falo sobre o sonífero que a psiquiatra me receitou.

Ela me aconselha a tomar pelo menos um esta noite. Está decidido: por enquanto, será minha prima quem fará meu acompanhamento, nesta primeira etapa. Como fazem as mulheres que não têm essa sorte? Se a medicina, que deveria ajudar no contexto de um processo judicial, é tão falha, como podemos pensar em nos reconstruir?

Depois disso, ligo para minha amiga de infância, Marion. Preciso ouvi-la também. Paul já a havia avisado sobre meu "pouso forçado" no hospital. Suas primeiras palavras, dirigidas a mim e à mamãe, trazem um alívio imediato. Choramos juntas por quase vinte minutos. Depois, peço que ela conte para o nosso círculo próximo, pois não tenho forças para isso. Também não tenho energia para avisar minhas outras duas amigas de infância, indispensáveis há mais de trinta anos.

Quando Paul cruza a porta do quarto, já estou pronta. Sentada na cama, fixo o olhar na janela. Penso em mamãe. Por que ela não veio me ver? Onde ela está?

"Ela foi morar com Florian. Saiu de casa ontem à tarde. Ela acha, assim como a psicóloga dela, que vocês duas estão muito abaladas e que não conseguem viver juntas neste momento."

Essa decisão me magoa profundamente. Sinto-me desamparada. Não vou ver minha mãe quando voltar. Meus olhos ardem e as lágrimas voltam a cair.

Enfim, minha casa. Mal posso esperar para ver meu filho, que foi brincar na casa de um amigo, mas

Paul providenciou que Tom dormisse na casa dele nesta noite. Preciso conseguir dormir sem nenhuma preocupação.

No chuveiro, ainda sinto o cheiro de alvejante dos lençóis do hospital.

Quando encontro Tom novamente, vamos tomar um pouco de ar fresco, dar uma volta, sentir o vento.

Por alguns minutos, me livro um pouco do meu fardo. Durante nossa caminhada, Tom não faz nenhuma pergunta. Ele sabe que eu estava no hospital e me diz que preferia que vovó ficasse conosco. Já está com saudades. Imagine eu!

Faço um esforço para não demonstrar nada. Nem tristeza, nem ressentimento. Nada a dizer, nada a comentar. Passo o resto da tarde grudada nele. Leio histórias, dou-lhe banho e nós três jantamos, apesar da cruel falta de apetite. Depois, Paul sai para levar Tom novamente para a casa de seu amigo.

Assim que eles saem, a ansiedade volta.

Dou-me conta de que Paul precisará sair de madrugada, por causa de seu trabalho no contraturno. Vou ficar sozinha. É minha vez, como minha mãe, de voltar a ser criança.

Às 21h, tomo um comprimido do anti-histamínico. Nada acontece. Estou tão tensa, tão nervosa com a ideia de me deixar levar e me tornar uma presa, que o medicamento não faz efeito. Às 23h30, Paul vai para a cama e eu ainda não consegui dormir.

Ele percebe que estou inquieta. Está tão preocupado quanto eu, mas por motivos diferentes: teme o suicídio.

> *Você me trouxe um novo medo, o de dormir sozinha. Você me privou de um sono sem medo. Eu tinha paz, você a tirou de mim.*

Tomo outro comprimido por volta da 1h. Demora um pouco para fazer efeito, mas acabo pegando no sono. Consigo ouvir, vagamente, Paul se levantando às 2h para sair.

No trajeto, às 3h18, ele envia um primeiro SMS para minha amiga Marion: "SOS. Me ligue de volta. Venha o mais rápido possível, pfv". Depois, um segundo SMS às 6h34: "Carol está muito angustiada e não está reagindo bem aos medicamentos que deveriam fazê-la dormir. Parece que eles não estão funcionando. E é isso que me preocupa. Saber que ela está sozinha enquanto estou trabalhando é uma tortura. Estou me sentindo muito culpado, mas não podia imaginar que ela ficaria acordada e que não daria para eu voltar no meio da noite... Se você ligar para ela e cair na caixa postal, não se preocupe, ela está no modo avião. Deixei uma mensagem na mesa de cabeceira para que ela me ligue o mais rápido possível se não estiver se sentindo bem. Beijos".

Por volta das 4h, acordo ensopada. É como se meu corpo estivesse rejeitando todas as substâncias que eu havia ingerido no hospital. De novo, estou apavorada com a ideia de dormir sozinha. Quase tenho medo de mim mesma. Das minhas sensações. Das imagens que podem me assombrar.

Tento voltar à razão, argumentar comigo mesma.

Apenas às 6h, quando vejo a primeira luz do dia, consigo enfim dormir novamente.

**Segunda-feira,
9 de novembro
de 2020**

Às 9h, abro os olhos. Assim que acordo, sinto vontade de chorar. Tomo um café atrás do outro. Por volta das 10h, arrumo um pouco a casa, só para me manter ocupada. Pelo menos meu corpo e minha mente estão entretidos com uma tarefa supérflua.

Enquanto isso, não penso em nada. Nem sequer ouço Paul entrar. Nem Marion tocar a campainha. Ela entra correndo no quarto de hóspedes, que estou arrumando; eu me assusto e desabo em seus braços. Diante do meu colapso, ela me convida para morar com ela. Eu não precisaria mais ter medo e poderia dormir em paz.

Esse primeiro dia com ela parece menos caótico do que todos os anteriores. Ainda assim, sinto saudades de mamãe.

Aliás, naquela mesma manhã, minha prima me liga com os resultados dos exames dela. Negativo para HIV e hepatite C.

Por outro lado, mamãe havia contraído quatro ISTs, incluindo HPV, que pode desencadear câncer de colo do útero. Portanto, ela terá que se submeter a exames preventivos anuais. É um mal menor quando se pensa nas centenas de estupros que minha mãe sofreu nos últimos dez anos. O último estupro foi em 22 de outubro de 2020. Ela terá de ser testada novamente após três meses e depois seis meses a partir dessa data para ficar tranquila.

Minha prima decide lhe prescrever antibióticos e optar por um monitoramento ginecológico rigoroso. Minha mãe será atendida pela Unidade Médico-Judiciária de Versalhes para uma série de exames apenas em 19 de dezembro. Esses exames serão usados para documentar sua perícia médica e ginecológica completa.

Nas manhãs de verão, você costumava me acordar cedo. Andávamos de bicicleta pelas estradas rurais de Vaucluse. Sua voz nas subidas: "Não desista, vamos lá, minha filha! Coragem!". Sua alegria ao chegar ao Monte da Madeleine, entre Bédoin e Malaucène, e a minha, quando te encontro, de pés no chão. Contemplamos juntos, em silêncio, essa paisagem fantástica.

Nos dias que se seguem, Marion cuida de mim. E, no entanto, cozinhar, correr, ler, assistir a um filme, ouvir música sem derramar uma lágrima, tudo isso foi *antes*. Essa Caroline era a filha de seu pai.

De manhã, quero levar Tom para a escola. Sei que preciso conversar com ele.

Fui vítima das piores mentiras, e está fora de questão deixar isso acontecer com meu filho. Quero que ele saiba onde está seu avô. De qualquer forma, ele descobrirá mais cedo ou mais tarde. Seus primos, que não são muito mais velhos do que ele, já sabem, portanto é melhor eu me antecipar.

Quarta-feira, 11 de novembro de 2020

Muito ligada aos sinais da vida, vejo nesta data, o Dia do Armistício, uma forma de ironia. Minha vida é um campo de batalha abandonado pelas duas pessoas mais importantes: meus pais.

 Estamos sentados no sofá da sala. Tom está pronto para ouvir. Seus olhinhos castanhos me encaram. Ele espera paciente, com as mãos cruzadas nos joelhos, respeitando meu tempo.

 "Você sabe que estamos passando por uma situação complicada desde que voltamos com a vovó. Você deve ter reparado que faz alguns dias que estou triste por causa do vovô, e vou fazer tudo o que puder para melhorar. Mas acontece que o vovô fez algo muito sério, Tom. Ele mentiu e machucou a vovó."

 "Machucou a vovó? Mas como?"

 "Ele não a respeitou como deveria e também não respeitou a lei. Quando uma pessoa é malvada e faz algo ruim para alguém, ela é punida."

 "Mas, mamãe, eu nunca vi o vovô machucar a vovó ou qualquer outra pessoa!"

"Eu sei, Tom, nem eu. E, mesmo assim, é por esse motivo que ele está na prisão agora."

"Como é uma prisão?"

"É como uma casa grande, triste, de vários andares, cheia de pequenos cômodos com apenas uma janela e sem jardim. As portas estão trancadas."

"Posso ver o vovô na prisão? Ou mandar desenhos para ele?"

"Não, não pode."

"Mas se você não puder mais ver seu pai, vai sentir falta dele, como você vai fazer?"

"No momento, estou muito decepcionada e brava com ele. Não quero nem saber dele. Com certeza é melhor assim."

Posso ver a incompreensão em seu rosto, uma mistura de constrangimento, melancolia e ressentimento. Estou arrasada, mas me contenho para não chorar. Finalmente, ele levanta a cabeça.

"Preciso ficar sozinho, mamãe. Quero ir para o meu quarto pensar."

Respeito seu desejo de ficar sozinho por alguns minutos – que parecem uma eternidade – antes de me juntar a ele. Encontro Tom deitado em sua cama, com os olhos cheios de lágrimas grudados no teto. Ele chora em silêncio, como um adulto.

Odeio ainda mais meu pai por ter feito isso com ele. Percebo então que, quando o equilíbrio de uma família é rompido, não só a vítima direta é afetada, mas também todas as pessoas ao redor.

"Mamãe, não consigo entender. Nunca vi o vovô sendo mau, nem machucando a vovó. Tem alguma coisa errada nisso tudo", soluça Tom com a voz trêmula.

Sugiro que ele converse com um médico que saiba ouvir crianças.

Não vou deixar você passar sua perversidade como herança. Vou te impedir de fazer mal para ele. Protegerei meu filho de você. Não, não se transmite o crime. Também estou pensando nos meus dois irmãos, homens para os quais você deveria ter sido um modelo indomável. Você sacrificou a todos nós, manchou a todos nós. Eu te odeio.

Você foi fraco demais, aceitou um ambiente familiar insalubre. Veja seu próprio pai, Denis, autoritário, alto, imponente. Suas mãos enormes davam medo. Ele usava calça jeans, uma jaqueta de couro, uma argola na orelha. Eu tinha vergonha desse avô. Era impossível conversar com ele. Ele estava sempre certo e impunha suas opiniões sem nunca se questionar. Ele desprezava as mulheres, sempre as rebaixando. Achava que elas tinham inteligência limitada, que só serviam para fazer serviços domésticos. "E para serem estupradas", você poderia acrescentar.

Quando eu tinha 10 anos, seu pai fez um comentário depreciativo sobre os meus joelhos, que ele considerava feios. Mas não foi o comentário dele que me deixou desconfortável. Foi a maneira como ele olhou para os meus joelhos.

E já que estou desenterrando o passado da família: alguns meses após a morte da sua mãe, o que o pervertido do seu pai fez? Ele tomou por esposa uma criança que eles tinham criado, Lucile. Um relacionamento inadequado com uma pessoa vulnerável que poderia ser descrito como incestuoso.

Você realmente herdou o pior do seu pai.

Lucile era trinta anos mais nova que Denis. Ela vinha do DDASS[4] e foi morar com meus avós como filha adotiva. O abuso que ela sofreu e a falta de afeto em seus primeiros anos de vida talvez expliquem sua deficiência mental.

Denis então se casou com ela depois que minha avó foi enterrada. Ela cuidava da casa sozinha.

---

4 Sigla para Diretoria do Departamento de Saúde e Assuntos Sociais, serviço do Estado que protegia crianças retiradas dos pais. (N.T.)

Devolver livros à biblioteca da cidade ou ir à tabacaria comprar os cigarros Gauloises marrons de Denis eram suas únicas saídas semanais.

Meu pai e seus irmãos foram contra esse relacionamento, mas todos eles tinham sido marcados pelas últimas palavras da mãe no leito de morte: ela tinha pedido aos filhos que apoiassem o pai, por quem sentia um amor incondicional. O controle. Meu pai teve uma boa escola.

Por isso, meu pai aceitou essa união no mínimo prejudicial. Afastou-se de Denis até não o ver mais. Como eu. O padrão se repetiu: meu pai cortou relações com o pai dele, eu cortei relações com o meu pai.

Nesse meio-tempo, entre os 7 e os 11 anos, meus pais mandavam-me de férias para Châtillon-sur-Indre, para ficar com esse avô, que tinha um relacionamento com a mulher que tinha criado.

Lembro-me de Lucile, sempre vestida com um casaco, tão velha apesar dos seus 25 anos. Mal sabia escrever. Não podia mudar de canal de televisão ou de estação de rádio sem a autorização de Denis. Dobrava a roupa, lavava a louça e limpava a casa. Na mesa de jantar, David a imitava discretamente, rindo da sua meticulosidade em limpar o pó da mobília limpa no dia anterior. Mas, para falar a verdade, Lucile me comovia. Vivia à parte, longe na sua mente, longe dos jovens da sua idade, prisioneira de um pai substituto que a tinha feito sua mulher. Fazia as suas pausas no balanço do jardim, onde, olhando para o nada, arrancava tufos de cabelo – mais tarde eu viria a aprender o termo tricotilomania.

Nunca entendi por que é que os meus pais me mandavam para lá nas férias, mesmo com David como escudo. Por volta dos 11 anos, quando a minha mãe me perguntou se queria continuar passando algumas semanas lá no verão, recusei. Denis morreu em 2004, nunca senti sua falta.

Eu tinha 40 anos quando soube que Lucile fora internada em um hospital psiquiátrico. Ela havia sofrido vários surtos de demência e descompensação psicótica. Todas aquelas lembranças da infância voltaram à tona, como um bumerangue. Eu via novamente as aulas de direção que Denis insistia em dar a Lucile em seu Citroën C15 bege. Eu, criança, sentada no banco de trás, testemunhava uma sessão de humilhação cínica e brutal que terminava com Lucile em prantos, e ficava me perguntando por que meus pais continuavam a nos mandar para lá nas férias – e por que não faziam nada para tirar Lucile daquele ambiente nocivo.

Em minha grande ingenuidade, eu te vi por muito tempo como sobrevivente de um legado familiar desastroso. A verdade é mais simples. Você nunca ousou confrontar seu pai. Você foi covarde e egoísta. Se tivesse tido essa coragem, teria mantido mamãe a salvo. E nossa família.

Os dias seguintes são difíceis. Sinto como se estivesse trancada em casa. Não estou nem deprimida nem sendo acusada de algo; estou apenas esgotada. Acima de tudo, não quero me tornar uma mãe distante. Quero que Tom me veja como digna, forte e determinada.

Quero que ele continue orgulhoso de seus pais.

**Quarta-feira,
18 de novembro
de 2020**

Estou de licença médica há duas semanas, e ficar sem fazer nada não combina comigo. Felizmente, escolhi escrever como uma forma de relaxar um pouco. Escrevo todas as minhas emoções em um caderno. Isso me ajuda a me distanciar. Escrever é minha boia salva-vidas, minha terapia para me ajudar a superar esse trauma.

Está na hora de voltar ao escritório. Pelo menos não ficarei mais remoendo sobre meu pai. De qualquer forma, só terei as respostas ao final do julgamento. Fiquei sabendo que meu pai está sendo investigado por estupro agravado, estupro coletivo, administração de substâncias nocivas, invasão de privacidade ao captar, gravar ou transmitir imagem de natureza sexual de uma pessoa. A polícia atualmente vem identificando mais de sessenta agressores: o objetivo é prendê-los de madrugada em suas casas.

Então, qual é o objetivo de me contaminar com isso? O julgamento ocorrerá no devido tempo, mas com certeza não antes de 2024. Nesse dia, estarei pronta para enfrentar meu pai e todos os agressores de mamãe. Até lá, com certeza ela também estará mais forte.

Eu gostaria de pensar que, aos 68 anos, tudo ainda é possível. Sinto muita falta dela.

**Segunda-feira,
23 de novembro
de 2020**

Estou muito feliz por chegar à sede da minha empresa. Estou renascendo! Não falo nada sobre meus problemas pessoais. Estou aproveitando o reencontro com meus colegas de equipe. Sinto que estou onde deveria estar – é como uma lufada de ar fresco.

Nesse dia, minha diretoria me oferece a oportunidade de mudar de cargo para enfrentar um desafio completamente diferente. É inesperado, e eu estava mesmo buscando algo novo. Que alívio sentir esse desejo de me reerguer! Até o momento em que percebo que herdei essa energia de meu pai, a despeito de mim. Muitas vezes o vi lutando para lançar um novo projeto, para estabelecer um novo desafio para si mesmo depois de um fracasso e recomeçar.

**Terça-feira,
24 de novembro
de 2020**

Quando saio do escritório antes do final do expediente às 18h, fico muito orgulhosa de mim mesma. O dia foi bom. Ideias e projetos estão passando pela minha cabeça. Minha mente está de volta aos trilhos. Paul vai adorar me ver assim.

No carro, ligo para minha mãe para compartilhar meu bom humor com ela. De repente, uma frase me acerta em cheio enquanto dirijo.

"Seu pai não está bem onde está. Ele está sofrendo, sabe, com certeza não reparei em algo nesses últimos anos."

Torço para não ter ouvido direito. Mas ouvi. Ok, digo a mim mesma, empatia pelo carrasco. Síndrome de Estocolmo. Minha irritação é perceptível. Mamãe desliga.

Chegando em casa, tenho um mau pressentimento. Conto logo para Paul. Ele me diz que David havia ligado para ele para falar de uma carta que meu pai tinha enviado a Sylvie e seu marido, amigos de mamãe, da prisão de Pontet. A carta havia sido enviada por um colega de prisão, ou seja, ilegalmente. Resumindo, meu pai contornou o sistema para entrar em contato com sua vítima – sua esposa. Minha mãe ficou sabendo dessa carta hoje de manhã e, assim como Florian, ficou arrasada. Porque, "nessa carta, ele pede que a gente não o abandone e que o ajude financeiramente", explica David.

A raiva está me dominando. Por que minha mãe não me contou sobre a carta quando estávamos ao telefone? Quem exatamente ela está tentando proteger? Recapitulando, minha mãe sabe das minhas fotos nuas e não tem me dado muito apoio; ela não me acompanhou ao hospital psiquiátrico e agora está escondendo de mim a existência dessa carta. Parece que ela está do lado do depravado do seu marido. Por causa do meu pai, estou perdendo minha mãe.

Estou fora de mim. Estou convencida de que meu pai não está pedindo ajuda, mas tentando manipular sua família mais uma vez, como sempre. Ele mantém o controle, até quando está longe, mesmo quando está preso. Mamãe e Florian seguem em frente, claramente muito abalados, enquanto David e eu nos mantemos frios.

Furiosa, ligo de volta para minha mãe. Ela liga o viva-voz para que Florian possa ouvir.

"Caroline, decidimos poupá-la até a reunião com o advogado. Mas obviamente David não respeitou nosso combinado."

"Que combinado? De que diabos você está falando? O que pretende fazer com essa carta?"

"Não vou fazer nada, não está endereçada a mim. Ele a enviou para a Sylvie", responde, seca.

Mamãe tenta conter as lágrimas. Isso aumenta em dez vezes minha aversão ao meu pai. Ele continua brincando com seu fantoche.

Meu pai a virou do avesso com uma única carta. Mamãe precisa muito entender o poder que ele ainda exerce sobre ela. Ela responde que já tem idade suficiente para pensar por si mesma. Não consigo evitar e me torno agressiva.

Quando peço a ela que me encaminhe a carta, ela se recusa.

Desligo na cara dela. Esse novo episódio foi um terremoto. Também estou com raiva de Florian por não ter argumentado mais com ela, já que está ao seu lado. Quando peço que me encaminhem a carta para que eu possa enviá-la à nossa advogada, os dois me dão um gelo.

Sem pensar duas vezes, ligo para Sylvie. Explico-lhe por que é imprescindível que essas informações sejam incluídas no processo. Trata-se de uma tentativa de manipulação e deve ser endereçada à juíza de instrução. Além disso, essa carta é completamente ilegal, pois não foi carimbada pela administração penitenciária. Sylvie percebe a gravidade da situação e me envia uma cópia da carta por e-mail. Quando a recebo, minha fúria atinge o ápice. Todos os ingredientes de sua personalidade maquiavélica estão diante dos meus olhos, como se eu acabasse de descobri-los.

Ele se faz passar por vítima, pede clemência e, é claro, implora por ajuda financeira. Estou chocada. Reproduzo essa carta aqui:

> "Meus amigos, sei que estão decepcionados comigo, mas vocês são meu único elo com o mundo exterior, pois não tenho permissão para entrar em contato com minha família, de quem sinto muita falta. Além da angústia, do medo, do vazio e da solidão, este lugar é horrível. Sei que estou aqui para pagar pelo que fiz ao amor da minha vida, à minha família e aos meus amigos, mas é tarde demais. Não sei para onde estou indo ou como isso vai acabar. Venho até vocês em nome de uma antiga amizade, porque preciso que vocês tragam algumas coisas e deixem na entrada da prisão: [minha jaqueta marrom-clara, minha jaqueta cinza da Adidas, meus tênis Nike, meu suéter de lã cinza, um cinto sem fivela grande (estou perdendo as duas calças)...]. Quanto às minhas roupas, vocês terão de deixá-las na entrada, mas não coloquem nada além do que estou pedindo, isto é, se ainda tiverem alguma amizade por mim...

Peço que tenham compaixão, estou há muito tempo na prisão e me faço muitas perguntas a respeito de tudo, no que isso vai dar, sobre a casa e todo o resto. O pior aqui é o tédio, só saímos uma hora por dia para caminhar e somos dois por cela. Tem sido bastante difícil para mim, sei o mal que fiz a quem mais amo no mundo e que vou perder, sem nunca me recuperar, minha família, meus filhos, como se eu os tivesse abandonado. Não consigo dormir à noite, estou perdendo peso, mas com certeza é o que mereço. Sinto falta de todos vocês, estou envergonhado, e, se falarem com eles, digam-lhes que peço perdão, especialmente ao meu amor, que era minha memória. Também gostaria que vocês me dessem as datas de nascimento de todos os meus netos para que eu não perca o equilíbrio. Quando penso que nunca verei meu neto, o filho de Florian, que nascerá no início do ano, é difícil...

O final do ano vai ser muito triste para mim, mas espero que meu amor supere isso, é o que desejo. Eu a amo tanto, e percebo isso ainda mais aqui, mesmo que ela tenha pedido o divórcio. Ela continuará sendo meu amor eterno, é uma santa que eu não soube como manter. E se puderem me enviem os endereços de Caroline, David e Florian, não os tenho de *cabeça. É uma loucura, essa sensação de estar isolado do mundo, sem acesso ao telefone."*

Tudo soa falso. David também acha. Essa carta revela a desordem de nossa família. Nosso pai é muito forte, consegue até nos dividir em um momento em que deveríamos estar unidos. Eu o acho lamentável, covarde, indiferente à nossa provação. Tudo gira em torno dele, de suas necessidades e de seu mundinho. O resto é igualmente patético: "Se vocês falarem com eles, digam que eu os amo".

Não estou surpresa. Ele recai metodicamente no melodrama e no sentimentalismo.

Envio esta primeira carta para nossa advogada, para que ela possa repassá-la à juíza responsável pela investigação.

**Sexta-feira,
27 de novembro
de 2020**

Já se passaram três dias desde que falei com mamãe e Florian. Mesmo a distância, meu pai traçou uma fronteira, dividindo a família.

Nossa advogada, Caty, acabou de receber os primeiros documentos do processo. Eles agora podem ser acessados e consultados pela parte civil. Incluem todas as palavras pronunciadas por meu pai desde que foi levado sob custódia em 2 de novembro. Ao todo, são várias centenas de folhas que já preenchem três fichários inteiros. Preciso ir ao escritório da advogada. Mamãe prefere ter essa primeira conversa a distância. Por uma coincidência infeliz, hoje é o aniversário de 68 anos do meu pai.

Essa primeira etapa será tempestuosa. Estou me preparando para isso.

Paul me acompanha. No corredor do escritório com assoalho antigo, sinto-me imediatamente confiante. A equipe de Caty é formada, em sua maioria, por mulheres, o que me deixa ainda mais à vontade. A essa altura da minha vida, vejo os homens como uma ameaça, capazes de, durante anos, triturar comprimidos para abusar de suas vítimas. A presença deles me deixa ansiosa e desconfortável.

Caty já está on-line com mamãe. Ela me informa que começou a ler os vários documentos que relatam todos os interrogatórios do meu pai desde que ele foi levado sob custódia. É melhor que nós duas estejamos presentes durante essa conversa.

Sua primeira leitura dura quase quarenta e cinco minutos. Ela enfatiza o lado mentiroso do meu pai. Quando o policial pergunta: "O senhor se lembra de ter ido à casa de um homem chamado @XXX, que mora em Y, para abusar da namorada dele?", meu pai responde: "Não me lembro do lugar, o senhor sabe... Nós nos encontramos à noite, em uma pequena trilha de terra, e ele me vendou, antes de me levar até a casa dele".

"Você abusou da companheira dele naquela noite?"

"Agora que o senhor mencionou, estou lembrando, recordo que naquela noite me contentei em ficar do lado de fora da casa deles, no jardim, porque os comprimidos não fizeram efeito."

Meu pai só revela uma pequena parcela da verdade e, ainda assim, apenas quando é encurralado. Mas isso não é tudo: vou descobrir um lado completamente diferente da sua personalidade. Ele usa uma linguagem grosseira, depreciativa, humilhante para falar sobre minha mãe. Os agressores também recorrem a essas expressões vulgares. Nos vídeos, nas mensagens interceptadas na caixa de mensagens que ele utilizava no site de encontros ou por SMS, suas palavras são sujas e degradantes. Minha mãe, magoada, acaba se manifestando.

"Desculpe-me, doutora, mas não quero que Caroline ouça tudo o que está em meu dossiê. Isso tudo é assunto meu e, acima de tudo, uma questão de privacidade."

Caty então lhe explica, da forma mais gentil possível, que eu havia entrado com a ação civil e que, a partir de então, eu tinha o direito legal de consultar tudo, com ou sem o acordo dela. Por meio dela ou de qualquer outro advogado que eu decidir escolher, não há escolha. Sei que ela quer me proteger, mas quero saber quem é esse pai estuprador. Quem é esse marido que parecia prezar muito pela esposa e que, no entanto, usa uma linguagem pavorosa para falar dela.

À sombra da amoreira, você, segurando um copo de pastis na mão, se volta para mim, com os olhos risonhos, é o início das férias. Você me pergunta sobre meus planos, sobre meu trabalho. Depois, vai cuidar da piscina, coloca uma música e dança com seus netos, uns mais alegres que os outros.

Caty continua a ler as peças do dossiê. Este engloba vários tipos de atos frequentemente encontrados em casos criminais: buscas, audiências, apreensões e assim por diante. Os detalhes são sórdidos.

Ela lê as mensagens que meu pai mandou nos fóruns, planejando as noites de estupro da minha mãe.

Ele se vangloria do poder de seu coquetel de ansiolíticos. Com orgulho, entrega o modo de usar, especificando as doses exatas a serem tomadas e o número de comprimidos de Temesta a serem diluídos com alimentos ou álcool. Ele ressalta que, se a mulher fumar, isso pode alterar os efeitos da dosagem, mas que, misturado com álcool, os resultados são ainda mais satisfatórios. Não consigo parar de pensar nas fotos que ele tirou de mim. Fumo de vez em quando, especialmente em momentos de descontração, o que não é o caso da minha mãe. Por isso, estou convencida de que ele também testou em mim seus coquetéis ansiolíticos.

Ele se orgulha de ver minha mãe entrar em um quase estado de coma por várias horas: "Da última vez, não forcei a dose o suficiente, mas desta vez deu certo, tudo pronto".

No decorrer de suas conversas, entendo que ele não só foi várias vezes às casas de agressores para abusar de suas parceiras, ou pelo menos com a intenção de fazê-lo, mas também às casas de indivíduos que praticavam triolismo com suas parceiras a fim de se aproveitar delas. Ele recorda uma cena em um acampamento naturista aonde foi com um casal que estava de acordo com isso.

Uma outra conversa revela uma "operação fracassada", em outras palavras, uma tentativa de estupro. Ele conta sobre a noite em que entrou no quarto de uma desconhecida. Ela havia acendido a luz. A mulher claramente suspeitava que seu parceiro estava tramando algo e evitou beber o copo que lhe fora servido. Pego no flagra, meu pai até se permite brincar depois da fuga: "Puta que pariu, me senti um idiota, estava abaixando as calças e pá, a luz e ela de pé". Ele culpa o anfitrião por sua falta de cuidado e o acusa de estragar seu plano.

Ele não quer ser desmascarado – o que era uma prova de que, naquele momento, meu pai tinha total consciência da gravidade de suas ações. Ele pede a esse indivíduo que apague todos os vestígios de suas conversas.

Estou fora de mim. Quantas mulheres exatamente meu pai estuprou? Essa pergunta é um abismo.

Na Córsega, em um pequeno barco a motor, com mar muito agitado. Você pede que eu não perca a calma. Você me tranquiliza. Meu medo desaparece. Consigo manobrar o barco ao seu lado.

A advogada então menciona uma conversa com um agressor para estuprar a esposa dele em sua casa. Ele deixa claro que, se houver alguma criança na casa, "apague-a no jantar".

Sinto um calafrio percorrer meu corpo. Interrogo Caty com meus olhos – ela me diz que não sabe se ele realmente foi até essa casa.

Durante suas conversas, ele também fala sobre suas fantasias mórbidas. Ele avalia a motivação das pessoas com quem interage on-line. Seu *modus operandi* é sempre o mesmo: ele entra no site de encontros Coco. Esse é o primeiro passo, antes de agir, para conseguir que venham até sua casa. Ele pergunta se, assim como ele, gostam do "modo estupro" e o tipo de prática sexual que estão procurando.

Para convencê-los a ir e praticar o ato, ele posta fotos da minha mãe, a maior parte do tempo inconsciente e em poses sugestivas, em um fórum privado intitulado "sem que ela saiba". Ele a veste como uma prostituta de classe baixa. A encenação funciona. Quase todos os agressores moram em Vaucluse e a maioria deles está relativamente perto da casa de meus pais, mas há exceções. Ele tira fotos e lhes envia esboços de como chegar à casa a pé. Às vezes, ao final do trajeto, eles são orientados por mensagem de texto.

Para não chamar a atenção dos vizinhos, todos os veículos devem estacionar no estacionamento do ginásio próximo. Eles geralmente estão sozinhos e, às vezes, em grupos. Não devem fumar ou usar perfume antes de vir. Seus telefones celulares devem permanecer no carro para não acordar minha mãe caso toquem.

Ele impõe que se dispam com antecedência na cozinha e deixem suas roupas na entrada da casa para o caso de saírem com pressa. Exige que lavem as mãos com água quente para evitar que minha mãe seja semidespertada pelo frio à noite. Ele também sugere que assistam aos estupros anteriores para estimular a excitação e validar o consentimento do(s) agressor(es). Ele os lembra de que o silêncio total ou sussurros são obrigatórios quando estiverem no quarto conjugal superaquecido.

Em seguida, os investigadores perguntam o que os visitantes sabem sobre o grau de submissão química de minha mãe nessas ocasiões. Quando percebem que está inconsciente, isso não parece impedi-los – muito pelo contrário.

Meu pai diz que sempre lhes contava em que estado minha mãe estava. Depois, os investigadores perguntam a ele sobre sua atração sexual pela própria filha. Ele se esquiva da pergunta e nega tudo. Quando lhe são mostradas as duas fotos minhas nua e inconsciente, ele afirma que não se lembrava delas e que não significavam nada para ele. "Sim, essa é a minha filha", ele diz, "mas não significa nada para mim. Não é meu estilo, basta olhar as outras fotos que vocês encontraram em minhas coisas." Então, ele finalmente conclui: "Eu nunca toquei em minha filha".

Minha raiva é incontrolável. Do outro lado da linha, minha mãe parece não ter entendido a dimensão dos comentários feitos pelo homem que afirma ser um bom marido e um bom pai. Como essa primeira leitura durou várias horas, estamos nos aproximando da noite. Tenho certeza de que não sabemos tudo. Nesse momento, percebo que mamãe e eu provavelmente nunca teremos a mesma compreensão desse personagem e de seus atos. Sinto que ela está se fechando em uma espécie de negação, um mecanismo de proteção que poderia me levar a perder o controle se ela ficasse cara a cara comigo. É hora de encerrar o dia. Estou exausta e começo a sentir uma enorme dor de cabeça.

**Quinta-feira,
10 de dezembro
de 2020**

Sou convocada ao final do dia para uma consulta com o psiquiatra especialista nomeado pela juíza de instrução. O objetivo é fazer minha avaliação psicológica desde a revelação dos fatos. São quase 21h e está muito frio.

Chego sozinha ao consultório em um prédio da década de 1980, que mais parece um apartamento do que uma sala de atendimento.

Não me sinto muito tranquila. Tenho medo de falar sobre minha história com um estranho – e ainda por cima um homem. Estou temendo isso desde o dia em que recebi a convocação, há algumas semanas. Ainda estou frágil.

Na sala de espera, máscaras africanas e algumas fotos de viagens. Em seguida, aparece um homem bem-arrumado, de cabelos brancos, vestido com um terno escuro. Ele me convida a acompanhá-lo até seu pequeno consultório.

Examino todos os cantos desse espaço apertado. Não há como escapar.

Estou diante de uma grande estante cheia de livros sobre ciências comportamentais e psiquiatria.

Ele começa com um longo silêncio, observando-me com muita atenção. Não mexo um fio de cabelo sequer.

"Esta consulta será realizada em várias etapas. Primeiro, eu gostaria de ouvir sobre sua infância e adolescência, depois sobre sua vida como mulher de *antes* e agora. E sobre o lugar que seu pai ocupava no cenário familiar. Em seguida, passaremos por uma série de questionários de múltipla escolha para que eu possa avaliar a natureza e a profundidade de seu trauma. E se, é claro, isso a está afetando em seu cotidiano."

Eu me endireito. As palavras chegam com facilidade.

"Sou a segunda de três filhos, entre dois meninos.

"Fiz um curso superior generalista. Sempre trabalhei duro para conseguir o que queria. Provavelmente porque meus próprios pais estavam em uma situação precária em determinados momentos de suas vidas. Meus pais não conseguiram realmente me proteger de seus problemas conjugais, nem daqueles ligados à sua situação financeira, que era regularmente instável. Soube desde muito cedo o que significava estar diante de um grande problema. Não tinha nem 9 anos quando presenciei uma cena de violência doméstica. Vi meu pai levantar minha mãe pela gola da camisa com as duas mãos.

Ela estava contra a parede do banheiro, com os dois pés a poucos centímetros do chão. Na época, acho que minha mãe queria deixá-lo. Na verdade, foi o que ela fez, logo após uma cena semelhante.

"Tinha quase 15 anos quando, um dia, voltando da escola para almoçar, um policial acompanhado de um oficial de justiça e uma horda de homens da remoção invadiram nossa casa para levar todos os móveis da sala de estar.

"Meu pai estava se preparando para isso havia vários dias. Ele havia guardado alguns equipamentos que considerava essenciais, como o aparelho de som e a televisão da sala de estar. Lembro-me de ter insultado aqueles pobres homens da mudança em seu caminhão. Eu estava muito irritada com meu pai naquele dia. Minha mãe voltaria, mais tarde, para uma casa quase vazia. Ainda posso vê-lo, com a pele lívida, entrando e saindo da sala de estar, chorando como um menino. Eu também queria chorar, pensei na cômoda de mármore e madeira nobre que meu avô materno havia passado para sua filha. Esse móvel ficava em nossa sala de estar desde que eu nasci e, para mim, era o único vestígio do meu falecido avô. Eu o amava muito. Era um homem autodidata que havia feito carreira no Exército. Apesar das provações da vida e de sua saúde frágil, era ambicioso, racional e severo. Principalmente, de uma generosidade extrema. E a única lembrança desse avô acabou em um leilão, como um objeto de decoração qualquer.

"Alguns meses depois, passamos a véspera de Natal em nossa sala de estar, com móveis de plástico, de jardim. Mas isso não impediu meu pai de dar à minha mãe um anel de ouro com pedras semipreciosas. Era uma espécie de compensação. Ele estava agindo como um adolescente que foi pego em flagrante. Minha mãe, então, pediu que ele devolvesse o anel e pegasse o dinheiro de volta."

Uma vez que começo, não consigo mais parar de falar.

"Dessa mesma forma, descobri, alguns anos depois, que meu pai havia sacado minhas economias dos meus empregos de verão, sem sequer me contar. Segundo ele, aquilo era legítimo e ele me pagaria no tempo devido. Desde muito cedo, comparei-me com outras famílias e percebi que a minha obedecia a uma ordem invertida. Eu era um pouco como a mãe do meu pai. Eu me sentia responsável por ele; eu o via como imprudente e, às vezes, instável. Eu, criança, devia ajudá-lo.

"Lembro-me de discussões e brigas das quais eu nunca deveria ter participado. Principalmente quando pediam que eu tomasse partido. Adquiri o hábito de me refugiar nas minhas amigas. Lá, pelo menos, eu me sentia protegida dos problemas dos adultos.

"Meu pai muitas vezes contornava o sistema para nos dar a ilusão de que estava lidando com a situação. Muitas vezes, eu o via perdido, até mesmo fracassando, quando ele tentava se requalificar em outros setores que não o seu, já que era eletricista de profissão. Ou quando ele se estabeleceu como empresário com ajuda minha e de meus irmãos. Nós lhe emprestamos dinheiro para abrir uma empresa limitada no setor de serviços. No final, ele entrou com pedido de falência e acabou em uma situação ainda mais crítica. Felizmente, minha mãe tinha um emprego estável como gerente em uma firma onde trabalhou por mais de vinte anos. Como resultado, ela pôde se beneficiar de uma moradia da empresa em uma área nobre do entorno de Paris no início da década de 1990. Por mais de dezesseis anos, moramos em uma grande casa de cinco quartos com um jardim repleto de árvores, em uma área residencial próxima às margens do Marne.

"Apesar de suas fraquezas, meu pai sempre soube ser um pai presente e atento para seus filhos. Ele foi assim comigo. Por exemplo, durante muito tempo, ele me incentivou a continuar com a dança moderna quando eu pensava em desistir – aliás, eu a pratiquei assiduamente até os 20 anos. Quando fiz 13 anos, ele até fez questão de conhecer pessoalmente minha professora. Ele se encontrou com ela para discutir a possibilidade de um percurso que combinasse esporte e estudos.

"Meu pai deve ter tido alguma aparência de vida normal em algum momento. Ele me levava para a escola de manhã cedo para que eu não precisasse pegar o ônibus, e não hesitava em me buscar nos fins de semana a qualquer hora da noite até eu passar no exame de direção. Ele sempre estava disponível para me consolar quando eu sofria por amor ou quando minha mãe e eu não nos entendíamos e acabávamos discutindo em casa.

"Seu lema era sempre o mesmo para nós três: que nossa própria jornada fosse melhor do que a dele. Ele repetiu isso para nós durante toda a nossa adolescência.

"Ele se arrependia de não ter estudado. Muitas vezes, relembrava certos eventos de sua infância. Forçado por seu próprio pai a trabalhar desde os 13 anos e meio, ele teve de deixar a escola em Quincy-sous-Sénart, onde nasceu, para ir ao Château d'Oublaise, em Indre-et-Loire, que se convertera em um centro de reinserção social para ex-presidiários, onde seus pais trabalhavam como zeladores. Ao que parece, meu pai não teve uma infância fácil. Ele acabou obtendo um certificado de treinamento vocacional como eletricista e ajudou a família trabalhando em canteiros de obras no interior e, mais tarde, na região de Paris. Ele costumava descrever seu pai como um vagabundo, um marginal, um oportunista da previdência social, embora este soubesse fazer quase tudo com suas próprias mãos. Pelo menos foi isso que meu avô paterno transmitiu a seus dois filhos, além de ensiná-los a se virar.

"Ao longo dos anos em que crescemos, meus irmãos e eu éramos frequentemente pegos pela inconstância da personalidade de nosso pai. Mais de uma vez, sentimos que ele estava frustrado e com inveja. Percebíamos quando ele transformava a realidade a seu favor, para melhor se tranquilizar. Mas nós o amávamos e o aceitávamos como era, sem deixar de reconhecer seus defeitos."

Nesse ponto da minha história, o psiquiatra pede que eu faça uma pausa.

Ele marca um novo silêncio. Em seguida, pede que eu coloque uma das mãos sobre sua mesa por alguns segundos. Depois, pede que eu me levante para avaliar meu estado de estresse emocional: estou comovida, angustiada, ou apenas sobrecarregada com o que estou dizendo a ele? Faço o que me pede, a marca dos meus dedos suados na mesa. Ele olha para mim, imperturbável.

"Como você está se sentindo?"

"Traída. E envergonhada por ser filha desse tirano."

**Sábado,
12 de dezembro
de 2020**

Desde o desentendimento de 24 de novembro, provocado pela carta de meu pai, Florian permanece em silêncio. Ele e minha mãe planejam terminar a mudança da casa em Vaucluse por conta própria. Estão pensando em pegar o trem novamente, alugar um caminhão e limpar o que restou do passado. O resto será levado de volta para a casa de Florian, perto de Paris.

Os últimos dez anos da mamãe são reduzidos a algumas caixas e roupas. Todo o resto foi vendido, jogado fora ou doado.

Há vários dias, mamãe quer que meu pai disponha de seus pertences na prisão. Por isso, fez uma mala para ele com roupas quentes e alguns objetos pessoais, que ela deixará no alojamento da prisão de Pontet. Até mesmo os amigos mais próximos de meu pai, indignados ao saberem dos motivos de sua prisão, recusam-lhe essa atenção.

Quando chegam, o guarda da prisão explica à minha mãe que não há entrega de roupas nos fins de semana. Passado o tempo de procedimento de verificação do outro lado dessas paredes, meu pai receberá seus pertences no meio da semana seguinte. Não consigo acreditar. Ela está zelando pelo conforto do homem que a estuprou por dez anos.

**Segunda-feira,
14 de dezembro
de 2020**

Meu despertador toca às 5h30. Hoje vou para Avignon de trem, para ser ouvida pela juíza responsável pela instrução. Passei a noite anterior na casa do meu irmão David, sua esposa e filhos. Meu irmão insiste em me levar à estação. Ele se levanta na mesma hora que eu, e minha cunhada Mélanie me dá um abraço. No fundo, tenho muito medo de desistir.

Sei que, quando chegar a hora, estarei sozinha comigo mesma e que o que eu disser, sem dúvida, terá um impacto no restante do processo. É uma responsabilidade e tanto.

Uma vez na estação de Avignon, as lembranças de minha vida de *antes* voltam à tona.

Lembro-me do entusiasmo do meu pai no dia do resultado do meu vestibular. Lembro-me do orgulho em seus olhos quando me formei alguns anos depois, da emoção que ele sentiu no dia em que o apresentei a Paul, da sorte de estarmos juntos naquele famoso show da Zaz no Olympia em 2011, daquela longa e emocionante música de

Jean-Dominique Aubert que ele recitou com tanta emoção no dia do meu casamento em 2009. É uma verdadeira tortura.

O escritório da juíza fica no quarto andar. Estou uma hora adiantada. Sento-me neste corredor amarelo e feio. Sinto-me como se estivesse em uma série policial ruim.

Minha mãe está sendo ouvida pela juíza. Sua audiência estava marcada para começar às 10h, uma hora antes da minha. Ao meio-dia, Caty, nossa advogada, vem me dizer que a audiência de mamãe demorou mais do que o esperado. No fim das contas, ela vai durar mais de 3h30. Durante esse tempo, perambulo pelos corredores do tribunal, onde reina um silêncio pesado.

Quando minha mãe finalmente sai, ela está exausta.

São 13h30 e entro no grande gabinete de janelas entreabertas com vista para o tribunal.

Lá encontro Caty. A juíza é uma mulher jovem com cabelos lisos castanho-claros, quase escondida atrás de vários processos. A escrivã senta-se à sua direita, de frente para a tela do computador.

A juíza quer me ouvir por ter prestado uma queixa contra meu pai em 3 de novembro de 2020.

"Embora não possa datar o fato com precisão, estou plenamente convencida de que meu pai começou a se desviar bem antes de 2013. Em 2011, meu irmão Florian me contou sobre um evento preocupante. Na época, Florian e sua namorada, minha futura cunhada, estavam morando com meus pais. Um dia, quando ela chegou em casa para almoçar, pegou meu pai se masturbando atrás da tela do computador em seu escritório. A porta estava aberta. Desconcertada, ela logo se virou e foi para o quarto de Florian.

"Alguns meses depois, contei tudo à minha mãe. Ela não conseguia entender a atitude de Florian, pois ele estava se ausentando cada vez mais das reuniões de família. Meu pai também havia se queixado dessa mudança repentina de comportamento. Quando decidi contar à minha mãe os motivos do comportamento do meu irmão, meu pai perdeu a paciência."

A juíza fez um gesto para que eu fizesse uma pausa. Ela perguntou à escrivã se ela tinha tido tempo de anotar tudo. Ela também queria saber sobre os repetidos apagões de minha mãe.

"Tenho quase certeza de que meu pai a estava sedando enquanto eles estavam em minha casa. Por exemplo, eles passaram as férias de Natal na minha casa em dezembro de 2019. Eu tinha ido para o Marrocos com meu marido e meu filho, então não estava lá. Mais tarde, minha mãe se lembrou de uma perda de consciência que ocorreu na noite de 28 de dezembro, quando eles estavam recebendo um casal de amigos. Ela se lembrava do início da noite. Depois, nada. Não se lembrava de ter cumprimentado seus amigos ou de ter se despedido deles. Ela era aposentada, não cuidava dos netos desde o Dia de Todos os Santos, e esse Natal em família não tinha sido particularmente cansativo.

"Para mim, a única explicação possível era de natureza médica. Então, atribuí o fato a seus problemas ginecológicos, que se manifestaram logo após sua chegada à região de Paris, em meados de dezembro. Isso realmente me preocupou. Temendo um problema de saúde mais sério, insisti em marcar uma consulta de emergência com meu ginecologista por causa da grande perda de sangue injustificada para uma mulher da idade dela e na pós-menopausa. O médico não detectou nada de anormal e lhe prescreveu um tratamento antifúngico por vários dias. Seu colo do útero estava muito inflamado. As investigações não foram adiante. Houve muitos lapsos inexplicáveis ao longo dos anos. Um deles aconteceu novamente em minha casa. Dessa vez, na outra casa que Paul e eu temos. Agora tenho certeza de que meu pai também dopou minha mãe durante uma temporada que eles passaram lá em maio de 2019."

"O que faz a senhora dizer isso?"

"Na manhã em que partiram, minha mãe não se lembrava de ter colocado a casa em ordem, esvaziado a lixeira ou trancado a porta. Naquele dia, não eram nem 10h quando foram embora. Acho que ela desmaiou rapidamente no carro. Isso mostra a superdosagem que ele administrava em seu corpo miúdo, mesmo de manhã, em sua caneca de café. Em nenhum momento sequer meu pai pensou que o coração de mamãe pudesse falhar.

"Lembro-me de ter tentado ligar para minha mãe pelo celular várias vezes sem sucesso. Depois de várias tentativas, meu pai finalmente atendeu o telefone dela, explicando que ela estava dormindo profundamente e que tinham acabado de passar por Lyon. Recordo-me dele me dizendo:

'Sua mãe está exausta, ela estava tão preocupada em deixar uma casa limpa e arrumada para você, você a conhece, ela se pressionou tanto... finalmente relaxou, está dormindo'.

"Como já fiz várias viagens longas com mamãe, sei que ela nunca dorme no carro. Isso me preocupou.

"Hoje sei, por meio da investigação em andamento, que ele a drogou a fim de entregá-la nas paradas de serviço da rodovia no caminho de volta a Vaucluse. Não consegui falar com minha mãe até o final do dia seguinte. Ela não conseguia se lembrar de nada desde a hora em que tinha saído da minha casa. Ela se lembrava de colocar a chave na fechadura e, depois, a escuridão.

"Mamãe não acordou até chegar a Mazan, o carro tinha acabado de passar pelo portão da frente da casa deles, e ela tinha dormido por pelo menos oito horas seguidas."

Paro e fico olhando para a juíza.

Calculo o quanto meu testemunho deu substância à personalidade esquiva de meu pai. Acima de tudo, entendo que terei de assumir a responsabilidade por essas palavras aos olhos da lei. Esses acontecimentos, que confirmam a destruição de nossa família, me dão um nó na garganta. Sou obrigada a ir até o fim. Mesmo que eu tenha que pagar caro por isso. Esses fatos são crimes, estupros coletivos repetidos. Sinto-me extremamente solitária, pequena e esmagada pelo peso desse caso. Não quero me furtar à minha responsabilidade por não ter visto nada, mas me sinto culpada por minha falta de discernimento. Por não ter insistido diante de sua amnésia recorrente. No fundo, eu me culpo por ter sido tão ingênua.

E, depois, tenho outras coisas para contar à juíza. Coisas que me dizem respeito e que me preocupam. Quero que ela entenda a todo custo que nós, filhos, também sofremos por termos sido manipulados por nosso pai.

Poderíamos saber que ele mentia para nós na maior parte do tempo? Que a atuação era uma segunda natureza para ele? Como poderíamos saber a diferença entre o verdadeiro e o falso, o que ele cuidava em exibir na sociedade? Será que passar algumas semanas juntos em casa teria sido suficiente para desmascará-lo?

Decido então contar à juíza sobre um outro evento significativo que aconteceu em agosto de 2019.

Eu estava saindo de uma terceira cirurgia de emergência. Cinco meses de dor intensa por causa de um problema de saúde íntimo que não cicatrizava, uma ferida que não fechava. Os três cirurgiões que intervieram sucessivamente nunca foram capazes de me explicar a origem do problema.

Durante esses longos meses, sofri. Fiquei calada. Senti-me incapacitada e diminuída. Hoje, estou obcecada por uma pergunta. E se isso tivesse uma ligação direta com as ações do meu pai e as duas fotos que encontraram de mim?

Durante o verão daquele ano, tive que fazer duas cirurgias de emergência seguidas, com um intervalo de três semanas. Na manhã de sábado, 10 de agosto, eu estava de licença médica após uma última operação feita no lugar onde estava de férias.

Meu celular vibrou na minha mesa de cabeceira. Eram 10h45 da manhã.

Quase não tinha dormido, pois a dor era muito intensa. O número do meu pai apareceu. Havia quatro chamadas perdidas e uma mensagem de texto:

"Por favor, me ligue de volta. É urgente."

Ingenuamente, eu disse a mim mesma que ele queria saber de mim, mas, quando atendeu, falou em um tom apressado:

"Desculpe, sei que é um momento ruim, mas preciso de sua ajuda."

Ele começou um discurso que eu já conhecia. Explicou que precisava urgentemente de cem euros para cobrir sua conta bancária. Ele não tinha cheque especial. Dizia que as despesas decorrentes da visita de seus três netos à sua casa em julho – incluindo Tom – foram a causa desse déficit. Fiquei pensando que nunca pertenci de fato a essa família. Quero dizer, como filha. Sempre tendo de ajudá-lo a lidar com esses tipos de problemas. A certa altura, ele me irritou, como sempre que tentava inverter os papéis:

"Não quero de modo algum preocupar sua mãe, ela já está ansiosa o suficiente. Não vale a pena contar nada a ela, eu dou um jeito..."

No entanto, mais uma vez, foi a mim que ele chamou – nunca a David ou Florian.

Ele sabia que eu concordaria em lhe fazer um favor sem questionar. Como sempre. Não conseguia dizer não e obrigá-lo a assumir suas responsabilidades. Ele sabia disso.

É exatamente esse o princípio do controle. Você sabe que está sendo manipulado e influenciado, mas não consegue se livrar dessa autoridade. Estava sem forças para entrar em conflito na hora e acabei concordando com a transferência. Tentei me manter impassível, mas, no fundo, estava muito irritada.

Dez minutos depois, ele me ligou novamente.

"Carol, não é suficiente, preciso de mais vinte euros. Se puder transferir esses vinte euros logo..."

Fiquei muda. Estava sem palavras diante de sua audácia. Estava debilitada, e ele veio me pedir dinheiro com um pretexto obscuro. Não era a primeira vez, eu já deveria estar acostumada com isso, mas nunca nos acostumamos com a indecência. Meu celular voltou a tocar. Três ligações em menos de vinte minutos.

"Carol, estive pensando. Cento e quarenta seria melhor, só até eu receber minha aposentadoria."

"Não sou um banco."

"É um favor. Você pode me fazer um favor, não pode? Faça isso por sua mãe. Não a preocupe. Eu vou te devolver."

Desliguei com os punhos cerrados e o coração a mil. Ele conseguiu fazer com que eu me sentisse culpada. E funcionou! No dia seguinte, mandei uma mensagem de texto dizendo que não me pagasse. Obviamente, ele não insistiu.

Nas semanas seguintes, eu me distanciei de meus pais. No entanto, nos encontramos novamente no aniversário de David, no final de agosto. Meu pai se mostrou frio, descreveu meu comportamento como "inaceitável". Aquilo foi demais. Esperei alguns dias antes de ligar para minha mãe e contar tudo. Já estava farta de ser a mãe dos meus pais.

A juíza me ouve com atenção. Ela me pergunta se eu quero acrescentar mais alguma coisa.

"Sim. Sasha, minha sobrinha de 9 anos, uma das duas filhas de David, revelou algo surpreendente desde a prisão de seu avô. Durante as férias de fevereiro de 2019, ela se lembrou de ter visto a avó dormindo de costas pela manhã, com os braços balançando. 'Ela estava dormindo tão profundamente', de acordo com minha sobrinha, que não respondeu aos seus pedidos. Seu avô pediu que ela deixasse vovó descansar. Naquele dia, ela se levantou bem tarde, no final da manhã. Isso não é típico da mamãe, especialmente quando está cuidando dos netos."

Por fim, releio e assino o depoimento da audiência. É com base nesse depoimento que meu pai será ouvido novamente. Sei que não o poupei, mas, pela primeira vez, tenho clareza sobre o que penso dele. Quero remover o véu de anos de manipulação.

Quando saio da sala da juíza, minha mãe não reage. Percebo que, psicologicamente, ela não consegue admitir o impensável e encarar as coisas. É insuportável para ela. Ela tenta se convencer de que o homem que amou por tantos anos nem sempre foi um criminoso sexual tão depravado. Ela tenta encontrar circunstâncias atenuantes.

Na estação, pegamos nossos trens para a região de Paris. É como se nossos caminhos já fossem diferentes. Estou arrasada. Sinto-me suja. Tenho vergonha de ter amado o pai que eu achava que conhecia.

**Quinta-feira,
17 de dezembro
de 2020**

As relações com minha mãe estão cada vez mais tensas. Ela não consegue imaginar que eu também possa ter sido vítima de meu pai. Faz parte do inaceitável para ela e eu a entendo, mas também estou com raiva dela por não ser capaz de levar minhas dúvidas em consideração, de ouvir minha raiva e minha dor. Mamãe insiste em me dizer que não devo causar em mim mesma tamanha tensão nervosa e psicológica. Oficialmente, não há evidências de submissão química em mim. Nenhuma evidência de toque ou estupro. E, no entanto, isso não me apazigua. Também sei que ela está ferida e que está fazendo o melhor que pode para se manter de pé. Está em modo de sobrevivência. Gradualmente se acomodando em uma espécie de dormência para se proteger, enquanto eu luto com todas as forças contra meus demônios.

No intervalo de duas reuniões profissionais a distância, mantenho minha mente ocupada colocando minha casa em ordem. Arrumo, separo, limpo e tento fazer desaparecer essa pergunta sombria escondida no fundo da minha mente. Será que meu pai me tocou?

> *Você segura Tom em seus braços e entra na piscina com ele. A água azul-turquesa brilha sob o sol. Hoje ele vai nadar sem a boia, mas você estará lá, você sussurra para ele que vai ficar tudo bem. Você o mantém próximo do seu corpo. Tom não está com medo, ele solta seu pescoço gentilmente, está se sentindo confiante o suficiente para se arriscar a nadar sem a boia. Observo vocês da borda. Não tenho medo de você. Também me sinto segura.*

Abro o armário de roupas de cama. Meus olhos se deparam com a estampa de um lençol. Eu a reconheço. Um jogo comprado pouco antes do nascimento do Tom. Estou paralisada e caio de joelhos no piso.

Então, uma das duas fotos que a polícia de Carpentras me mostrou em novembro havia sido tirada em casa. Reconheço os lençóis. Meu pai me fotografou na minha casa, no meu quarto, e isso foi em 2013. Não há mais dúvidas. Sua segunda presa fui eu.

**Quinta-feira,
24 de dezembro
de 2020**

Pela primeira vez, Tom não passará a véspera de Ano-Novo com todos os seus primos e avós. A família está dividida em duas. Eu passarei a noite com David. Mamãe ficará com Florian. As comemorações familiares nunca mais serão as mesmas. Meu pai conseguiu dividir a família. Ele prejudicou o que é mais importante para mim: nós. O equilíbrio do grupo, minhas raízes.

Apesar de tudo, estou tomando uma decisão simbólica poderosa. Para acabar com essa maldição, quero mudar o terceiro nome de Tom em seu registro civil, que até o momento era o de meu pai. Quero substituí-lo pelo nome do meu irmão mais velho, David. Está decidido, vou dar entrada nos procedimentos oficiais.

David, muito modesto, me dá um abraço.

**Sexta-feira,
1º de janeiro
de 2021**

Neste primeiro dia de 2021, penso em meu pai. Pela primeira vez, sinto compaixão por ele. Imagino-o em sua cela. Será que está com frio? Com fome? Quem são seus companheiros de prisão? Como ele lida com a falta do ciclismo, que tanto amava? O próximo passo para mim será deixar essas perguntas de lado com indiferença. Parar de me preocupar com meu pai.

Sinto falta de mamãe, não tenho notícias dela desde o Natal. Decido ligar para ela. Na terceira frase que ela diz, não consigo me conter. Não demora muito para que mamãe também caia em prantos. Não há palavras para o que estamos passando.

A única coisa que consigo dizer é que quero estar com ela. Depois de mais de duas horas de conversa, prometemos estar sempre ao lado uma da outra. Sem nos julgar.

**Sábado,
23 de janeiro
de 2021**

Acordo de muito bom humor. É uma manhã fria e seca, e o céu está limpo quando vou ao mercado. Hoje à noite, vamos jantar na casa de David para comemorar meu aniversário e o de sua esposa, Mélanie, que tem me apoiado desde o início.

É o primeiro fim de semana desde 2 de novembro em que estou aproveitando a vida. O dia passa de forma agradável. Por volta das 17h, decidimos pegar a estrada para nos encontrarmos com meu irmão e sua família.

Assim que saímos de casa, minha mãe me liga. Sei que ela voltou para Vaucluse para finalizar a última papelada. O dia tinha começado tão bem.

"Carol, você entrou em contato com a família de um detento da prisão de Pontet?"

"Mamãe, como pode me perguntar isso? Você bateu a cabeça?"

Sinto que está chateada. Ela explica que recebeu uma segunda carta de meu pai. Nela, ele diz que está correndo perigo por minha causa.

Não me surpreende que esse lunático escreva qualquer coisa, mas minha mãe acreditar em suas bobagens me deixa mal. Voltamos à estaca zero: ele exerce controle sobre ela a distância, transformando os acontecimentos a seu próprio favor. Antes de desligar, peço à mamãe que me envie a carta. Quero lê-la.

Datada de 9 de janeiro, chegou novamente pelo correio à casa de Sylvie, amiga de mamãe – exatamente como da última vez. Meu pai contornou o sistema legal novamente. Quando chego à casa de David, desabo.

Odeio as tentativas de manipulação dele. Também estou com raiva da minha mãe por ter se deixado enganar. No fim, a noite não será tão agradável quanto eu esperava. Das profundezas de sua cela, ele conseguiu roubar parte da minha festa.

**Domingo,
24 de janeiro
de 2021**

Na manhã seguinte, leio a carta e fico atônita.

> *"Acho que foi você, Michel, meu irmão, que me enviou algumas roupas quentes que me fizeram lembrar de casa, nas quais encontrei um fio de cabelo do amor da minha vida que aqueceu meu coração por um breve momento.*
> *Estou em uma cela com um jovem detento cujos pais tentaram saber mais sobre a situação por telefone, sem saber o motivo pelo qual estou aqui, mas Caroline contou tudo a eles e meu colega não quer mais ficar perto de mim. Tente acalmá-la, porque vou ser linchado aqui, e isso não se perdoa, é urgente. Vou ter que passar o resto da minha vida na prisão, pelo menos aguentar o máximo que puder sem contato, porque é muito difícil, e isso vai ser bom para todo mundo.*

Não estou procurando piedade, apenas um pouco de consolo. A vida é muito difícil aqui, especialmente com a raiva de Caroline."

Meço seu grau de perversidade. Aproveitando-se da ingenuidade de minha mãe, provocando minha raiva para nos colocar uns contra os outros. Ele tem tempo. Mesmo sabendo que meu pai está muito mal, sozinho em sua cabeça, quero arrancá-la dele.

Demoro alguns dias para voltar a mim.

Sinto um mal-estar. Hesito entre a aceitação e a revolta.

**Quinta-feira,
28 de janeiro
de 2021**

Enquanto estou em videoconferência, Paul deixa um envelope em minha mesa. É uma carta oficial.

"Depois de examinar o pedido de mudança de nome feito na minha qualidade de representante legal de Tom, Jean, Dominique, nascido em 25 de julho de 2014 no 16º distrito de Paris, e os documentos anexados em apoio, verifica-se que esta solicitação tem interesse legítimo na acepção do artigo 6º do Código Civil. Assim, seu filho está agora autorizado a se chamar Tom, Jean, David".

É um grande alívio. Paul está tão emocionado quanto eu. Eu não estaria sendo fiel a mim mesma se não tivesse iniciado o processo.

Graças a isso, sinto que estou protegendo meu filho. Tom é muito melhor do que minha ascendência. Essa carta vai me dar forças para escrever algumas linhas para meu pai.

Por fim, seguindo o conselho de minha advogada, a mensagem nunca será enviada, mas ela teve o poder de me fazer bem.

Dominique,

Três meses na prisão e já quatro cartas falaciosas.

Você sempre soube o que estava fazendo, e ainda sabe.

A única diferença é que agora eu sei quem você é. Todos nós sabemos.

Estou te pedindo agora mesmo que pare com suas manobras.

Vou levar esse processo até o fim. Nós vamos até o fim.

Você não existe mais para mim. Nunca existirá.

**Terça-feira,
2 de fevereiro
de 2021**

Estamos fazendo uma vaquinha para ajudar minha mãe a pagar as custas de seu divórcio. Meu pai aceitou uma primeira conciliação, marcada para 31 de maio no tribunal de Carpentras. Minha mãe comparecerá perante o juiz da vara de família, enquanto meu pai fará uma videoconferência da prisão.

Ao mesmo tempo, ela está trabalhando em seu processo de superendividamento, esperando que a dívida em seu nome de solteira seja revista.

Quando vem passar alguns dias em casa, às vezes a encontro prostrada e em silêncio. Mamãe é reservada e não quer transparecer sua angústia. A enorme manifestação de solidariedade em torno da arrecadação está lhe fazendo muito bem. Há várias semanas, estou dedicando toda a minha energia para arrecadar dinheiro para ajudar mamãe. Gostaria que ela recuperasse um pouco da dignidade e da confiança.

Não posso me esquecer da generosidade de todos esses benfeitores. Esse movimento de solidariedade, mesmo em um círculo restrito, que durou várias semanas, fez com que ela percebesse que não está sozinha na tempestade. Isso a ajudou a erguer a cabeça e a enxergar adiante nos próximos meses. Muitas mensagens lembram-lhe de que o estupro não ocorre necessariamente em um canto escuro de um lugar perigoso da cidade ou no subsolo de um estacionamento. A grande maioria das agressões sexuais é cometida por membros da família, pais, irmãos, avós, amigos, primos e até mesmo parceiros.

**Domingo,
7 de fevereiro
de 2021**

Passamos um fim de semana em família, no ar fresco do campo.

Apesar do dia agradável, pude ver tristeza nos olhos do meu filho. Eu o sinto distante. Em respeito ao seu silêncio, também fico quieta. Mas, na hora de dormir, eu o encontro sentado na cama.

"Tenho pensado muito no vovô desde que ele foi para a prisão. Você me disse que eu poderia conversar com um médico que sabe ouvir crianças, se quisesse. Bem, eu quero muito ir agora e, mais do que tudo, acho que preciso ir. Quero tirá-lo da minha cabeça para sempre."

**Terça-feira,
2 de março
de 2021**

Mélanie e Barbara, as esposas de David e Florian, respectivamente, foram intimadas a comparecer a uma delegacia na região de Paris, como uma sequência lógica de minha audiência com a juíza de instrução em dezembro. Cada uma delas será entrevistada por mais de duas horas.

Mais uma vez, o horror invade nossas vidas.

Nos últimos dez anos, minhas duas cunhadas foram fotografadas nuas, sem o conhecimento delas, em algumas de nossas reuniões familiares na casa delas ou na casa dos meus pais. Meu pai instalou câmeras de disparo contínuo no banheiro e nos quartos.

Ele também fez montagens com as fotos de Mélanie, que eram acompanhadas de legendas indecentes. Tudo isso começou durante a gravidez dela em 2011. Quanto a Barbara, ela descobriu fotos íntimas tiradas durante o verão que passou na casa dos meus pais. Em algumas delas, meu pai pode ser visto se masturbando de cueca.

Meu pai postou essas fotos na internet. Os pervertidos devem ter adorado.

Esse episódio dá uma guinada no processo. Mélanie e Barbara se juntam a mim como partes civis e pedem a Caty que as assista.

Nenhuma mulher de nossa família foi poupada pelo meu pai.

Nos dias que se seguiram, dezoito homens suspeitos de estuprar minha mãe foram presos. Por motivos de segurança, meu pai foi transferido para outra prisão no sul da França. Os criminosos sexuais são alvos de acerto de contas. Eles representam a parte inferior da casta carcerária.

Como meu pai lidará com essa transferência? Será que conseguirá se adaptar? É claro que sim. Ele interpretou o pai de família por mais de quatro décadas.

**Quarta-feira,
10 de março
de 2021**

Há vários meses, assisto, quase aliviada, a uma forma de desculpabilização da fala das mulheres vítimas de agressões e crimes sexuais. Os livros *O consentimento*, de Vanessa Springora, e *La Família Grande*, de Camille Kouchner, me comovem. Por muito tempo, o passado dessas pessoas pareceu um beco sem saída; o crime manchou suas memórias e bloqueou o futuro delas. E, ainda assim, elas encontraram a força literária para denunciar.

Meu pai não poderá invocar o consentimento livre e esclarecido de minha mãe, a menos que se acredite que seja possível estar perfeitamente lúcido quando se está dopado por medicamentos. A bem da verdade, os estupradores nem sempre se parecem com os perigosos psicopatas das séries de TV. Eles geralmente têm a aparência de um bom pai de família, que convidamos de bom grado para jantar.

Há algumas semanas, tenho tido vontade de conhecer pessoas que estejam comprometidas com a causa das mulheres. Vi isso com minha mãe, que perdeu tudo. O cuidado e o apoio de que ela precisava em sua situação eram praticamente inexistentes. Deixada por conta própria, ela está lutando o melhor que pode. Mas o que fazem as mulheres sem família ou dinheiro?

Tudo começou com uma entrevista da ginecologista e obstetra franco-libanesa Ghada Hatem-Gantzer. Ao lê-la, percebi que havia uma linha tênue entre agir e perdoar. Prometi a mim mesma que conheceria essa personalidade envolvente, uma grande defensora da luta contra a violência às mulheres. Sua luta tanto pela prevenção como pela cura já havia chamado minha atenção alguns anos antes.

Agora eu sei até que ponto a violência doméstica é um problema sistêmico. Vivenciei muito isso nos últimos meses. O que acontece com alguém próximo a você muda, afeta e desestabiliza o funcionamento de todos ao seu redor. O trauma se espalha como ondas de choque, e as vítimas indiretas geralmente são esquecidas. O caminho para os cuidados, o acompanhamento e o apoio psicológico após o trauma são obviamente decisivos.

Assim, hoje tenho uma consulta com a dra. Hatem-Gantzer na Maison des Femmes, que faz parte do Hospital Saint-Denis. Ela fundou um novo tipo de estrutura de acolhimento, dedicada às mulheres vítimas de violência física e sexual, em 2016.

O centro é organizado em torno de três unidades de atendimento: violência, planejamento familiar e mulheres que sofreram mutilação sexual.

Quando Ghada me recebe na pequena sala que serve de consultório, ela ainda não conhece minha história. Ela me cumprimenta com respeito. Exala uma benevolência tranquilizadora. Sua voz calma e agradável me incentiva a lhe contar algumas coisas. Não hesito em confidenciar a ela minhas dúvidas, esperanças e convicções pessoais.

Ghada é uma pioneira. Ainda não sei, mas esse encontro marca o início de uma colaboração e também o começo de uma bela amizade. Nossa primeira conversa será uma verdadeira libertação para mim.

Naquele dia, Ghada se prepara para lançar o coletivo Re#start, que foi anunciado em uma coletiva de imprensa com a presença de Élisabeth Moreno, ministra francesa da Equidade entre Mulheres e Homens, Diversidade e Igualdade de Oportunidades. Se houvesse um Centro para Mulheres perto de minha casa alguns meses antes, eu teria levado minha mãe para lá imediatamente. Ajudar as vítimas a se dirigirem, desde o início, a uma boa estrutura e a profissionais competentes não deveria ser uma opção ou um acaso. Infelizmente, o processo de busca por atendimento depende, acima de tudo, da disposição da vítima em fazê-lo e continua muito pouco acessível. Para a maioria das vítimas, é uma corrida com obstáculos.

Ela também me conta sobre suas necessidades materiais e humanas e menciona um projeto de acomodação de emergência, "Mon Palier", para jovens vítimas de violência, com idades entre 18 e 25 anos, no centro de Paris. Imediatamente, ofereço-me para doar parte de meu tempo e energia para ajudar e me libertar um pouco do peso de minha história pessoal.

Hoje, o coletivo Re#start tem onze estruturas, nove delas em funcionamento. Em Saint-Denis (julho de 2016, Centre Hospitalier Delafontaine), Bruxelas (setembro de 2017, CHU Saint-Pierre), Bordeaux (fevereiro de 2019, Association CACIS), Brive-la--Gaillarde (novembro de 2020, Centre Hospitalier de Brive), Paris (janeiro de 2021 – Hôpital La-Pitié--Salpêtrière, AP-HP), Reims (junho de 2021, Le Mars), Tours (novembro de 2021, CHRU de Tours), Marselha (janeiro de 2022, Centre Hospitalier Universitaire la Conception AP-HM), Versailles/Plaisir (janeiro de 2022 – Centre Hospitalier de Plaisir). Cerca de dez outros centros para mulheres estão sendo preparados para se juntar ao grupo. Todos estão vinculados a um estabelecimento de saúde e oferecem atendimento médico, psicológico e social. A equipe desses centros trabalha em estreita colaboração com a polícia e os serviços jurídicos.

**Quarta-feira,
31 de março
de 2021**

Apresento Ghada Hatem-Gantzer à gerência da minha empresa. Enquanto visitamos a Maison des Femmes em Saint-Denis, Ghada nos conta mais sobre o projeto "Mon Palier" para mulheres jovens. É um hotel de 33 quartos que está sendo reformado no Boulevard Rochechouart, em Paris. Ela gostaria que o hotel fosse inaugurado logo. Concordamos em trabalhar em colaboração para ajudá-la a montar o projeto. Será um lugar real para se viver, confortável e agradável. Essa primeira colaboração é uma revelação para mim. Agora sei que meu investimento pessoal não vai parar por aí.

*Inverno de 1990, férias de esqui em Risoul,
nos Altos Alpes. Você sugere minha primeira
pista vermelha. Você me acompanhará.
Ainda não me sinto muito segura com os
esquis, e as montanhas às vezes reservam
algumas surpresas. Nesse dia, o tempo está*

bom, mas muito frio. No topo da pista, você parte primeiro, como uma flecha. Apavorada, avanço sozinha, escorregando muito, temendo os solavancos e as curvas. Demoro quase duas horas para finalmente chegar. Chorando, grito quando te vejo. Você apenas fala: "Viu só, você conseguiu, eu avisei".

**Domingo,
5 de abril
de 2021**

Ontem à noite, conversei com minha mãe, que agora mora com David e Mélanie. Ela continua sem acreditar que meu pai tenha cruzado o limite com a própria filha.

"Pare de se machucar, seu pai não poderia ter feito uma coisa dessas. Não posso aceitar, senão será meu fim."

Quando penso nisso, percebo como sou diferente da minha mãe. Seu mecanismo psicológico de defesa continua sendo um mistério.

Nesta noite, depois de desligar o telefone, vou para a cama me sentindo chateada. Às 4h43, acordo febril e com dores no corpo todo. Não consigo engolir nem respirar. Meu pesadelo parecia tão real... meu pai havia escapado da prisão, apoiado por minha mãe, que estava fugindo com ele. Nós nos encontrávamos, em seguida, na casa de nossa família, onde meus irmãos e eu crescemos. De pé no jardim, meu pai implorava que eu o ajudasse, que o levasse para um lugar seguro. Ele se recusava a partir. Minha mãe intervinha para que o ajudássemos. Apesar de suas súplicas, eu chamava a polícia.

Quando me levanto às 8h30, minha dor de garganta aumenta. Não consigo mais falar. O médico de plantão, chamado com urgência, diagnostica edema uvular. Um inchaço agudo da úvula que ele não consegue explicar.

"Pode ser a somatização de uma angústia."

**Sexta-feira,
9 de abril
de 2021**

Às 7h19 desta manhã, Marius, o primeiro filho de Florian, chega à nossa família. Meu pai não sabe. Ele nunca o conhecerá, não terá nenhuma lembrança desse neto.

É comum dizer que uma morte na família precede um nascimento. Naquele dia, David enviou uma mensagem para o irmão, em nosso grupo do WhatsApp, que ficou gravada em minha memória:

"Boas-vindas ao Marius. Perdemos um grande carvalho no qual gostávamos de descansar, mas ganhamos uma muda que teremos de proteger."

**Terça-feira,
13 de abril
de 2021**

Soubemos que outros indivíduos foram presos em suas casas e levados sob custódia. Vários deles são pais de crianças pequenas. Penso nelas e nas famílias destruídas por causa do pai delas. Ele é o coveiro de famílias, o assassino de memórias. Posso ver o que essas crianças terão de passar quando crescerem. Os mesmos lugares sombrios pelos quais nós passamos, o mesmo vínculo podre e destruído do qual elas terão de se livrar, custe o que custar.

Todos os pedidos de liberdade provisória foram negados.

**Sexta-feira,
16 de abril
de 2021**

Minha advogada acaba de receber uma cópia atualizada do processo. Ele agora contém várias centenas de páginas de depoimentos. Vinte e três dos 73 agressores identificados estão agora atrás das grades em diferentes prisões em Vaucluse.

Ouvido novamente pelo juiz em 17 de março, meu pai foi confrontado com fotos de minhas duas cunhadas, bem como fotos minhas datadas de julho de 2020. Ele as publicou on-line com alguns comentários vulgares. Mas ele evoca uma "curiosidade" e diz que nunca havia se sentido sexualmente atraído por sua filha ou noras.

Agora precisamos marcar um horário para consultar o processo no escritório da nossa advogada.

**Segunda-feira,
26 de abril
de 2021**

David, mamãe e eu passamos cinco horas ouvindo nossa advogada relatar as declarações feitas pelos últimos agressores sob custódia.

Com idades entre 22 e 71 anos, eles se gabam de praticar o candaulismo – uma prática sexual que consiste em assistir ao parceiro fazendo sexo com outra pessoa.

Os comentários de meu pai continuam me surpreendendo. Toda vez que lhe perguntam sobre as agressões à minha mãe, ele se esquiva e continua a mentir. Percebo que provavelmente nunca saberei a verdade sobre mim.

Quando Caty declara querer nos poupar das fotos de minha mãe amarrada em sua cama, ficamos atônitos. E, como se tudo isso não bastasse, ela nos informa, da forma mais gentil possível, que o primeiro estupro registrado ocorreu, na verdade, em 23 de julho de 2011, na região de Paris.

Minha mãe, atingida em cheio por uma jamanta, não reage. Ela se apaga. Como dizer de outro modo? Um lampejo desaparece, ela é uma mãe de cera, arrasada. Estou morrendo de vergonha.

**Domingo,
23 de maio
de 2021**

Estamos passando o fim de semana na casa de amigos em Lyon, com Paul e Tom. Mamãe ainda está frágil. Sei que todos os dias ela se pergunta se será capaz de resistir e continuar com esses processos judiciais. A ideia de que ela possa desistir do caso me assusta.

No domingo de manhã, Florian me enviou uma carta que havia recebido alguns dias antes. A data é 22 de abril.

Meu filho,
Pensei bastante, aqui na minha prisão,
antes de escrever a um membro da família e
te escolhi porque esse era o único endereço
que eu tinha e também porque acho que sua
sensibilidade artística será capaz, espero,
de transmitir a todos essas poucas palavras,
que serão as últimas, em respeito a todos.
Respeitarei seu silêncio, que eu entendo, estou

cumprindo minha sentença de prisão, farei meu caminho sozinho por respeito.

Sinto muito pelo mal que fiz a todos vocês, peço perdão e desculpas a todos. Tentei fazer o melhor que pude até esses últimos anos sombrios de minha vida.

Penso em todos vocês, segundo os diferentes acontecimentos transmitidos pela televisão, e sinto muitas saudades. Desejo a todos muitas coisas maravilhosas em suas vidas e sinto falta de todos os pequenos, mesmo que eu não tenha conhecido o último.

Talvez seja melhor assim.

Quero que saibam que sua mãe é e continuará sendo o amor da minha vida e que ela sempre estará comigo, assim como nunca esquecerei vocês. Tenho consciência do mal e da vergonha que causei a vocês, e é por isso que estou me cuidando aqui, a privação da liberdade é menos difícil de suportar do que a ausência de vocês, espero que você tenha ficado com meu carro, pois vai ajudar no dia a dia, sejam corajosos e felizes, estou chegando a uma idade com pequenos problemas de saúde, que não são nada comparados ao que fiz a vocês, vou lutar com coragem para continuar sozinho, amo vocês e beijo a todos.

Desculpe, papai.

PS: O único endereço que eu tinha era o seu, que consta dos papéis do divórcio que assinei.

Releio essas linhas três vezes com tristeza e amargura. Será que o pedido de perdão dele mostra algum sinal de sinceridade? Mas como ele pode esperar que acreditemos que nos ama, nós, seus filhos, quando conscientemente nos esmagou?

Meu estômago se revira.

**Segunda-feira,
31 de maio
de 2021**

Minha mãe vai ao tribunal em Carpentras para o primeiro acordo de divórcio. Meu pai assistirá a essa sessão da prisão. É a primeira vez que ela o vê desde que foi preso. Ela encontra um homem abatido, de cabeça baixa, olhos distantes e muito magro.

*Um dia, quem sabe, eu fale com você uma
última vez. Vou te olhar diretamente nos olhos
e te dizer como nossas vidas poderiam ter
sido diferentes.*
*Desde 2 de novembro de 2020, continuamos
vivendo, mas de um jeito hesitante. Estamos
vivendo à mercê dos procedimentos legais.
Será um período longo e difícil para todos nós.*
*Na segunda-feira, 31 de maio, mamãe me
disse que tinha visto você no telão, naquela sala
grande e asséptica do tribunal de Carpentras.*
*Você, atrás das grades e diminuído;
ela, ainda de pé, mas longe de estar*

completamente livre de sua vida anterior. Isso é o que restou do casal radiante que foram meus pais.

Minha mãe ficou chocada quando viu sua imagem pela primeira vez em sete meses. Imagino que seu dia a dia não seja fácil. Você não é o mesmo homem. Talvez tenha se tornado o homem que sempre foi, perdido, inconsistente, com olhos vazios.

Você disse para ela que sente muito. Que está envergonhado. Nós também estamos envergonhados, papai. A coisa mais difícil para nós, seus filhos, é não te conhecer.

Você nos traiu, preferiu se entregar ao seu lado sombrio, achou que era inteligente o suficiente para se manter acima da lei indefinidamente. A gente achava que você era bom, honesto e leal.

Mas quem é você realmente? Acho que nunca saberei.

Tampouco saberemos até onde vai sua perversidade, mesmo que suas fotos e vídeos revelem quem você é no fundo: um ser demoníaco, totalmente corrupto. Muitas vezes, penso que você deixou de nos amar e respeitar há muito tempo para nos fazer passar por tudo isso. Você destruiu a família que era sua, sem jamais considerar o valor que ela tinha para nós.

Eu te amava, te respeitava, te ajudava, como uma filha grata ao seu pai.

Você não cumpriu sua parte do acordo. Não desempenhou seu papel de pai ou avô. Acho que nunca serei capaz de perdoá-lo.

Agora tenho que aprender a conviver com isso.

**Segunda-feira,
23 de agosto
de 2021**

Minha mãe veio me encontrar na minha casinha de veraneio. Ajudo-a a se instalar para que ela possa continuar com sua vida em um lugar neutro. Ela estava morando provisoriamente na casa dos filhos havia nove meses, mas agora prefere morar sozinha. Ela finalmente se sente pronta.

Este verão foi mais uma provação para nós, como se estivéssemos fazendo o luto de nossas vidas anteriores. Meu pai pode ainda estar vivo, mas todos nós fomos confrontados com o vazio.

O mais importante para nós é que a mamãe se aproprie de sua própria vida. Por isso, mudamos, redecoramos, substituímos coisas, e ela vai se reencontrando, começando pelo nome de solteira, que agora aparece na caixa de correio. Ele finalmente existe em algum lugar. Tentamos rir, nos alegramos com a menor tarefa realizada, como uma pequena vitória. Mudamos alguns móveis de lugar e ajustamos o tamanho das persianas para ter uma melhor luminosidade. Para que ela se sinta em casa, livre e à vontade. Continuamos dizendo a nós mesmos que tudo vale a pena, desde que estejamos juntos e unidos.

No decorrer da semana, ficamos sabendo que um total de 34 agressores estão atrás das grades – um deles morava a poucas ruas da casa dos meus pais. Convidado por meu pai, esse homem foi à casa pelo menos duas vezes, sob o pretexto de comprar rodas de bicicleta que provavelmente nunca existiram.

Fico revoltada quando leio as avaliações psicológicas desses homens. Embora a maioria deles reconheça a natureza amoral de suas ações, nenhum deles expressa qualquer empatia ou remorso por minha mãe. Em geral, eles não têm consciência de que são criminosos perigosos.

**Sábado,
4 de setembro
de 2021**

Com o início do novo ano letivo se aproximando, conversamos com Tom sobre seu bem-estar e ânimo. Vamos manter a terapia? Neste verão, ele disse que estava se sentindo melhor e que não queria mais ir ao psicólogo. Ele parecia ter conseguido se distanciar das emoções que o atormentavam há apenas alguns meses. Paul e eu não insistimos. Ao meio-dia, quando o lembro do que disse, ele acaba expressando o desejo de continuar fazendo terapia. Ainda sente a necessidade de se abrir e de manter essa consulta semanal, que considera "seu território" e "seu momento".

**Quarta-feira,
29 de setembro
de 2021**

Há vários dias, alguns meios de comunicação regionais e até mesmo nacionais vêm tentando se apossar de nosso drama. Claramente bem-informados, os jornalistas estavam apenas esperando que um novo elemento viesse à tona: neste caso, outra onda de prisões, mais nove homens. Nossa história está prestes a ser revelada na arena pública. Estamos preocupados com essa intrusão.

Antecipando isso, peço a Caty que explique o que é a "submissão química na esfera privada", um fenômeno muito mais comum do que pensamos e sobre o qual as mulheres e médicos sabem muito pouco. Ao mesmo tempo, o argumento de defesa dos agressores está gradualmente tomando forma. Ele é completamente inadequado. Os advogados de alguns deles alegam que os agressores nunca foram informados sobre a condição da mamãe na época. Mais uma afronta.

Em meio a esse alvoroço midiático, outra questão vem à tona. É possível penalizar o site de encontro gratuito usado por todos esses pervertidos para se comunicarem? Hoje, muitos deles estão tentando se livrar da culpa, tentando se passar por vítimas que foram enganadas e manipuladas pelo meu pai. No entanto, o site de relacionamentos Coco.gg – ainda hoje acessível – permitiu que todos esses homens vissem imagens pornográficas do corpo violado de minha mãe, sempre inconsciente. Isso não os impediu. Muito pelo contrário.

**Segunda-feira,
4 de outubro
de 2021**

Gostaria que houvesse maior sensibilidade e respeito pelo que minha mãe, meus irmãos e eu estamos passando há onze meses. Os jornalistas de uma determinada imprensa não são dignos de sua profissão quando divulgam informações pessoais. O que aconteceu com o profissionalismo e a compaixão? Já pensaram no mal que estão fazendo às famílias? Qual é o objetivo de tudo isso?

Nesta noite, estou indignada com o que li. Percebo, à espreita, por baixo das palavras, por trás da encenação (títulos, fotos e legendas, escolha de palavras), um prazer doentio e sujo, muito distante da ética jornalística. Interpretam, extrapolam, desenham o horror com um certo deleite, oferecem um banho de lama e saem limpos. Eu não sabia que o crachá de imprensa permitia isso.

Prefiro a escrita, a verdadeira, não a desses artigos de quinta categoria. Aqui, a escrita, seja qual for seu valor, é um caminho. Ela tem seu papel: separar-me de meu pai, tirar dos meus ombros a herança dele.

**Quinta-feira,
14 de outubro
de 2021**

Em 6 de outubro, minhas duas cunhadas foram ouvidas pela juíza em Avignon. Meu pai foi ouvido pela última vez em julho, e seus comentários são tão evasivos quanto absurdos. Ele continua distorcendo a verdade em seu benefício. Felizmente, a juíza não parece dar muito crédito ao que ele diz.

Estou com minha mãe há alguns dias. Além de apoiá-la, vim lhe trazer um carro para que tenha liberdade de ir e vir quando quiser. Agora, mamãe não tem mais medo de pegar o volante, desmaiar ou se ausentar da vida cotidiana. Minha amiga Marion faz o caminho comigo. Ela continua sendo meu maior apoio.

Caty me informa que um dos autores da última série de estupros contra minha mãe, em 22 de outubro de 2020, é soropositivo.

Estremeço. Mamãe duvida, mas não diz nada. Ela precisa fazer outro exame de sorologia na próxima semana. Meu ódio pelo meu pai não para de crescer. O pior nem sempre é garantido, então me agarro a isso, mas, se minha mãe estiver infectada, ele vai pagar.

**Quinta-feira,
21 de outubro
de 2021**

O teste de HIV de mamãe deu negativo. Respiro. Mais tarde, minha mãe me confidencia que não achava que estava em perigo, convencida de que o destino estava a seu favor. Tenho que admitir que sua candura e desprendimento me desconcertam. Somos profundamente diferentes na maneira como lidamos com todo esse caso excepcional.

**Sábado,
23 de outubro
de 2021**

Há vários dias, as divergências entre mim e minha mãe e nossas feridas vêm aumentando. De modo totalmente inesperado, acabamos de receber notícias do meu pai. Florian foi contatado por Charles, um amigo de infância que agora mora no sul da França. Ele conhecia bem meus pais, pois sempre saía de férias com eles. Em processo de mudança de carreira para se tornar educador social, ele ficou cara a cara com meu pai durante um estágio na prisão. Meu pai não o reconheceu, provavelmente por causa da máscara. Charles, que não o via fazia anos, ficou chocado. Ele o viu mudado, perdido, destruído. Não se atreveu a falar nada. Esse encontro improvável, perto do aniversário de sua prisão, foi muito perturbador para nós.

Quanto mais o processo avança, mais minha mãe se convence de que meu pai precisa de ajuda e cuidado. Às vezes, ela me censura por ser dura demais e até ingrata com ele: "Você se esquece de que nem sempre ele foi o demônio que você descreve. Ele fez muito por você, e também por seus irmãos. Eu era feliz com ele. Eu o amava tanto. Prefiro me lembrar dos bons momentos. O resto não vai me ajudar, eu só quero continuar com minha vida. Sou assim".

Sem dúvida, essa é uma forma de autoproteção diante da brutalidade dos acontecimentos. Seja qual for o caso, esse discurso continua me deixando desconfortável.

**Quarta-feira,
17 de novembro
de 2021**

Ao acordar, eu me dou conta de que esse testemunho se tornará público. Não tenho medo de assumi-lo, mas percebo o longo caminho que percorri e que ainda percorrerei para me reconstruir. Várias perguntas me atormentam: como este livro será recebido pelas pessoas mais próximas a mim e, bem mais tarde, pelo meu filho, quando ele tiver idade suficiente para lê-lo?

Fomos atingidos por uma bomba, uma explosão potente, mas precisamos nos manter fortes para o que ainda está por vir. Apesar da desilusão, da dor e do ódio, temos de olhar para a frente com a cabeça erguida. Eu me apego à ideia de que esse testemunho fará a vergonha mudar de lado. Espero de todo o coração que ele também ajude outras pessoas subjugadas a se reerguerem.

**Segunda-feira,
22 de novembro
de 2021**

Quase um ano após minha primeira audiência, sou convocada novamente pela juíza de instrução. Ela quer examinar meu caso mais uma vez como parte da investigação em andamento. De acordo com minha advogada, há outras fotos minhas nua, tiradas sem meu conhecimento. A juíza quer mostrá-las a mim e ouvir o que tenho a dizer sobre as últimas declarações do meu pai. Não sei o que esperar. Não sei em que estado estarei depois. Às vezes, sinto que estou vivendo um pesadelo sem fim. Queria acordar.

Onze horas, tribunal de Avignon. A juíza me encontra na mesma sala do ano passado.

A mesma decoração, as mesmas pessoas e o mesmo painel de acrílico que me separa dela. Na mesa, diversas pastas coloridas.

"Antes de começarmos nossa conversa, eu gostaria de saber como você tem passado desde nosso primeiro encontro. Há algum ponto que gostaria de trazer antes de passarmos para os novos elementos que lhe dizem respeito?"

"Estou preocupada com a saúde mental de minha mãe. Parece que ela não se dá conta do maquiavelismo de meu pai. Também parece não ter consciência de tudo o que ele a fez passar ao longo dos anos. Na minha opinião, minha mãe está em uma espécie de negação, mesmo sem entrar em contato com ele há um ano. De certa forma, ela ainda tem consideração por ele e prefere manter intacta a lembrança de um homem amoroso com alguma conduta moral. Ela não consegue aceitar a realidade, não consegue admitir que meu pai a manipulou de forma perigosa e deliberada para degradá-la. Porque se ela reconhecesse a verdadeira natureza de seu marido, ela desmoronaria imediatamente. É claro que isso complica muito nosso relacionamento. Seu caminho para a aceitação, e depois para a reconstrução, será longo e difícil. É muito doloroso para mim ver que ela está tão distante da realidade."

A juíza registra minhas palavras.

"Minha advogada me mostrou recentemente uma carta de minha tia, irmã de meu pai, datada de 8 de setembro de 2021. Ela tem mais de 80 anos. É o único membro de nossa família que manteve contato com ele. Nessa carta, ela lhe conta onde minha mãe mora, o que deveria ser um segredo. Ela também lhe garantiu que minha mãe estava 'indo bem'. Mas, como acabei de lhe dizer, não concordo nem um pouco. Ela está apenas tentando se agarrar ao que resta de sua vida de *antes*, convencendo-se de que a história que teve com seu marido foi verdadeira e sincera."

A juíza prossegue.

"Agora, vou precisar lhe mostrar trechos de vídeos de seu pai, que incluem uma montagem de fotos comparando você com sua mãe. Você precisa saber que tudo isso foi compartilhado na internet com outros homens."

Ela então me apresenta uma folha A4 com fotos coloridas. Em uma delas, estou me vestindo no quarto roxo da casa de Mazan. Posso datar essas fotos perfeitamente. Elas são de julho de 2020. Eu tinha vindo para ficar com meus pais por dez dias. Depois de seis meses de covid, eles queriam curtir o neto. Olho para as fotos por um bom tempo. Algumas delas foram juntadas às de mamãe. Ele nos fotografou em diferentes posturas, de costas e de frente. Depois, descubro os comentários infames que acompanham as fotos.

Sua voz. Ouço sua voz dizendo palavras obscenas, em um tom sarcástico. Seguro com força os braços da cadeira para não desmaiar.

"Sim, sou eu. Então ele escondeu o celular com a câmera ligada debaixo da minha mesa de cabeceira? Como ele pôde fazer isso?!"

Lembro-me do verão de 2008, em Tizzano, Córsega. Eu vi você e mamãe felizes. Tão

apaixonados quanto no primeiro dia.
Você não larga sua câmera. Fotografa
mamãe sem parar.

A escrivã digita minhas palavras mecanicamente, com o olhar fixo na tela. A juíza me olha e continua: "Quando pergunto ao seu pai se ele se sentia sexualmente atraído por você, ele diz: 'Não, de jeito nenhum. Você me perguntou qual foi o objetivo de filmá-la nua, e eu lhe digo: a descoberta, mais do que qualquer outra coisa'. Ele também nega tê-la sedado e abusado de você. Qual é a sua opinião sobre isso?".

"Estou convencida do contrário. Ele mente como respira. Ele me drogou, como mostram essas duas fotos em que eu supostamente estava dormindo. Repito, Senhora Juíza, eu nunca durmo vestida assim, ou nessa posição. E meu sono é leve. Há mais de dez anos moro com Paul, que se levanta à 1h45 da manhã para ir trabalhar; qualquer coisa é suficiente para me acordar."

Peço para ver a fotomontagem "mãe-filha" novamente.

"Eu me pareço muito com mamãe. Ele nos disse isso muitas vezes. Agora sei que ele nunca teve qualquer respeito pela mãe de seus filhos. Além disso, ele se refere a mim como filha da minha mãe, não como filha dele ou deles. Ele se dissocia de sua condição de pai. Porque nos vê apenas como meros objetos sexuais."

"Agora, tente lembrar onde você estava na noite de 27 para 28 de dezembro de 2019."

"Depois da ceia de Natal, em 24 de dezembro, fiz uma viagem ao Marrocos com Tom e Paul. Até 2 de janeiro. Meus pais ficaram na minha casa."

A juíza me apresenta outra foto de minha mãe, inconsciente e despida.

"Selecionei a menos chocante de todas as fotos tiradas por seu pai. Essa foto poderia ter sido tirada em sua casa, na sua ausência?"

Vejo minha mãe, deitada do lado esquerdo, como em todas as outras fotos dela inconsciente. Ela está usando apenas uma calcinha de renda preta. Um tipo que não se parece com ela. A lâmpada de cabeceira está acesa, assim como a luz do teto. Ele nem se deu ao trabalho de tirar as botas dela. Reconheço o quarto perfeitamente. Na minha casa. Meu refúgio.

"Senhora Darian, sua mãe foi estuprada em sua casa durante várias horas por um homem desconhecido que tinha 34 anos na época. Seu pai filmou tudo. Os celulares de ambos foram rastreados perto de sua casa às 22h51min."

Embora minha advogada tenha me informado no dia anterior, ainda não sei se vou conseguir superar mais essa humilhação. Como ele pôde cometer esses atos cruéis em minha casa, em minha privacidade? Como vamos conseguir viver normalmente nessa casa depois disso? Como Paul vai reagir?

"Isso não é tudo, senhora Darian. Ainda preciso lhe apresentar uma foto de sua mãe inconsciente, tirada em outro lugar."

Eu gostaria de suspender o tempo. Apertar o *pause*.

Na foto, minha mãe está exatamente na mesma posição que na anterior, sempre do lado esquerdo e inerte, com a boca aberta. Mais uma vez, ela está vestida com uma lingerie preta vulgar e muito feia, tão indigna dela.

Desta vez, não é em minha casa na região de Paris, mas em meu quarto, minha cama, meus lençóis, da minha segunda casa. Sinto-me oprimida, mal consigo perceber o que estou vendo e ouvindo. O estupro ocorreu na noite de 6 para 7 de maio de 2019 e durou mais de cinco horas.

Naquele momento, compreendi a extensão total da batalha legal que estava por vir, tanto para minha mãe quanto para mim. Saber que estranhos invadiram minha casa para abusar de mamãe é insuportável. Tenho vontade de vomitar.

A juíza quer saber se um confronto com meu pai me ajudaria a me libertar, como o psiquiatra especialista sugere em meu relatório psicológico.

"Se a senhora quiser, seria em minha presença", diz ela. "Dessa forma, você poderia fazer suas perguntas a ele e expressar seus sentimentos."

"Não espero mais nada desse indivíduo. Sua vida é feita de mentiras e monstruosidades. A próxima vez que eu vir meu pai será atrás do vidro de um tribunal de primeira instância para ouvir o veredito."

Em seguida, pergunto-lhe se alguma outra vítima havia sido identificada nesse caso. Ela me disse que outra mulher havia sido estuprada por meu pai cerca de dez vezes entre 2015 e 2020. Ela também estava em um estado de submissão química. Ao que parece, meu pai forneceu as substâncias ao parceiro dela com a quantidade a ser administrada. Aparentemente, essa vítima não quis apresentar queixa contra o marido ou meu pai. Ela o perdoou e continuou a se corresponder com seu parceiro desde que ele foi preso. Isso mostra o poder que ele deve ter exercido sobre essa pobre mulher. Portanto, a promotoria pública de Avignon assumiu o caso.

Ao final da audiência, a juíza me informa que um dos agressores pediu um encontro com minha mãe. Ele alega que ela estava consentindo a relação. Segundo ele, minha mãe teria acenado para que ele entrasse em seu quarto. Minha mãe, que não se deixa impressionar com essa má-fé desenfreada, aceitou o confronto. Ele ocorrerá nos próximos meses.

Graças ao notável trabalho dos investigadores e de todas as pessoas encarregadas desse caso, um total de 47 pessoas foram presas. Quarenta e cinco foram indiciadas e mantidas sob custódia. Dois homens foram libertados e outros dois foram enquadrados como testemunhas assistidas. Um dos criminosos morreu pouco antes de ser preso. Espero que todos os agressores de minha mãe sejam levados à justiça pelo que fizeram com ela durante todos esses anos.

**Domingo,
28 de novembro
de 2021**

Ao concluir este testemunho, lembro-me de uma citação do escritor Maurice Pinguet: "Escrever é se dedicar à escuridão que carregamos dentro de nós". Estou cheia de escuridão. Uma escuridão densa e fria, deixada pelo meu pai. Escrever este livro não me permitiu afugentá-la, mas sim explorá-la e temê-la menos. Ter a ousadia de confrontar e enfrentar, com toda a força, uma fase tão pesada e escabrosa de minha vida foi uma experiência que me enriqueceu muito. Sinto-me mais centrada e pronta para enfrentar as adversidades e tudo o mais que está por vir, junto com minha mãe e meus irmãos.

A terapia com palavras também é uma forma de curar minhas feridas para que eu possa enxergar melhor todas as possibilidades. Ainda não sei o que me espera com a publicação do meu testemunho, mas estou convencida de que meu compromisso com a causa das mulheres está apenas começando.

Sei que mamãe será ouvida novamente pela juíza. A cada vez, será mais uma escuridão ressoando na nossa vida de *antes*.

Cerca de cinquenta homens foram detidos e presos, mas a investigação será longa e difícil. Alguns dos homens que estupraram minha mãe serão condenados. Alguns são jovens solteiros, outros são pais ou avós. Mas sabemos que pelo menos setenta, provavelmente mais, abusaram dela, alguns repetidamente, durante um período de quase dez anos. Como pudemos deixar passar esses predadores sexuais sem nos darmos conta?

E imaginar que quem orquestrou tudo isso foi aquele que pensávamos ser íntegro, leal e confiável...

O julgamento deve ocorrer em 2024 em um tribunal criminal no sul da França. Mamãe terá, então, mais de 70 anos. Será que ela encontrará força e resiliência para enfrentar o processo, mesmo com o amor e o apoio dos filhos? Além disso, essa provação durará vários meses, mas penso que minha mãe poderia ter continuado nessa situação se tudo não tivesse acabado naquele famoso 2 de novembro de 2020.

Quero superar esse terrível legado paterno e transformar essa lama em algo nobre. Precisamos ajudar mulheres e crianças que foram esmagadas pela violência sexual. Ainda há muito a ser feito na França para oferecer apoio e segurança às vítimas de agressões sexuais. O aconselhamento psicológico e o apoio ao processo de reparação ainda são longos e insuficientes. Às vezes, também bastante imprevisíveis. É preciso reconhecer que nem todos recebem o mesmo nível de atendimento.

Meu depoimento tem o objetivo de aumentar a conscientização sobre o impacto da submissão química na França. Esse problema pouco conhecido não se limita à droga do estuprador dissolvida em alguma bebida; ele também se origina em nossos armários de remédios. Benzodiazepínicos (ou ansiolíticos), pílulas para dormir e muitas outras substâncias psicoativas são a causa de muitas agressões sexuais e afetam todas as categorias socioprofissionais. Se sua memória falha regularmente, fique atento. Não hesite em procurar orientação e fazer um exame toxicológico.

Onde estaremos no momento do processo? Teremos percebido a extensão do fenômeno? Hoje, muitas associações competentes que trabalham pela causa das mulheres estão muito sozinhas diante dessa tarefa colossal, e as vítimas costumam estar aterrorizadas, amordaçadas pelo medo, mas também impedidas pelo peso da vergonha e da culpa. Minha mãe, como tantas outras mulheres, não é culpada de nada. Não aceitaremos o insuportável.

Agradecimentos_

Gostaria de agradecer à minha editora, Véronique Cardi, pela confiança e empatia natural e acolhedora desde o dia em que nos conhecemos.

A Clara Dupont-Monod, por todos os seus conselhos valiosos e palavras que sempre me comovem. Essas palavras me permitiram buscar dentro de mim tudo o que eu precisava colocar no papel. Eu não poderia ter esperado uma companhia literária melhor neste longo, sinuoso e íngreme caminho de introspecção.

A Catherine Fruchon-Toussaint, por sua escuta ativa e sua grande benevolência, além de ter compreendido rapidamente a urgência incontrolável que a escrita desse relato representava para mim.

Meus sinceros agradecimentos aos meus irmãos, à minha cunhada Céline, à minha prima e a meus amigos François e Marion, por sua afeição inabalável e cuidado constante.

Por fim, gostaria de agradecer imensamente ao meu marido e ao meu filho, sem os quais eu provavelmente não seria a mulher que sou hoje, e à minha mãe, que amo acima de tudo.